45-108

SONYEUSE

Paris. — Imp. F. Imbert, 7, rue des Canettes.

JEAN LORRAIN

SONYEUSE

SOIRS DE PROVINCE

—

SOIRS DE PARIS

PARIS
BIBLIOTHÈQUE-CHARPENTIER
11, RUE DE GRENELLE, 11
—
1891

SONYEUSE !

A mon ami Gérard.

SOIRS DE PROVINCE

Dans la petite ville de l'Ouest, où j'aime aller tous les ans passer la dernière quinzaine d'octobre et vivre là, dans la grisaille des souvenirs, la vie assoupie et presque éteinte des petites villes de province; entre tant d'anciennes demeures comme à jamais défuntes et murées de silence avec leurs volets clos, une m'attire et me retient entre toutes avec l'obsession d'un regret : et pourtant ce n'est ni la maison familiale, devenue aujourd'hui l'étude du notaire, la maison familiale avec les bons naguères de l'enfance et de l'âme encore neuve, et les douces soirées à la tiède chaleur de la lampe et des feux de charbon; ni la maison familiale, ni le vieil hôtel patricien de Neymont, se décalquant dans l'eau pâle des quais avec des noirs et des haches d'eau-forte, l'hôtel des Neymont, morne tombeau d'antiques splendeurs déjà de mon temps disparues, où, dans la longue tristesse des dimanches, geignait un piano grêlement tapoté par les doigts d'une vierge sans dot, Mlle de Neymont, entrée depuis aux Ursulines de Caen.

Oh! la tristesse des dimanches de province, les volets fermés et les outils au repos, le passant rare dans l'isolement léthargique des rues et tant de cloches dans l'air! il faut avoir vécu tout enfant comme moi leur morne somnolence, à ces tristes dimanches, tristes comme un jour de Toussaint, pour en comprendre le vague et la torpeur et le charme à la fois ouaté et monotone, à la longue endormant pour les nerfs et le cœur.

La foule entassée dans les églises, où se traîne la sourde mélopée des vêpres, et, sur le quai, la promenade solitaire des douaniers de garde devant la mer remueuse et l'éternel recul de l'horizon : c'est là que mon rêve s'en retourne en souvenirs tranquilles vers un pavillon Louis XIII, entouré de grands murs, déjà très loin dans la vallée, à l'abri des rafales de l'ouest et des rumeurs du port, dans le quartier dévot des couvents et des églises, tout assourdi de carillons.

Bâti sur l'emplacement d'un ancien cloître d'Annonciades, au fond d'un de ces grands jardins de boulingrins et de quinconces, comme on n'en voit qu'en province, même par les temps maussades du littoral où le ciel est toujours gros de nuages et de grains, il rayonnait comme d'une gaieté au fond de sa grande avenue de marronniers, ce pavillon de Sonyeuse, du nom de son propriétaire, le marquis de Sonyeuse qui ne l'habitait pas d'ailleurs, le marquis de Sonyeuse, une des plus grandes fortunes foncières de la province, noblesse d'épée devenue noblesse de robe et président du tribunal de Rouen, où les Sonyeuse vivaient de père en fils depuis deux siècles.

Quel caprice ou quelle ordonnance de la Faculté, prescrivant à une des frêles jeunes femmes de la famille l'air réconfortant de la mer, avait jeté cette élégante architecture Louis XIII, briques roses aux lourds entablements de pierre, dans ce coin de vallée de la côte, au cœur même de cette vieille ville morte, dans ce quartier froid et dont les lents carillons d'église, sonnant tous les quarts d'heure, sont le seul mouvement et comme la respiration monotone, lourdes fleurs de fer s'effeuillant d'ennui!

On ne savait. De père en fils, le marquis de Sonyeuse, le chef de famille en personne, avait coutume de venir deux fois par an, à Pâques et à la Saint-Michel; il descendait au pavillon et y demeurait deux jours, le temps d'y recevoir ses fermiers qui venaient y payer leurs termes. Les de Sonyeuse étaient propriétaires de la majeure partie des terres des environs. Pendant ces deux jours de l'année seulement, on voyait s'entrebâiller les persiennes du rez-de-chaussée toujours hermétiquement closes, puis, le marquis parti, le pavillon inhabité retombait de son ensommeillement, mais n'en gardait pas moins, malgré son abandon, la gaieté de ses murailles, pierres blanches et briques roses, éclatant au milieu de son profond jardin aux ombrages dormants: un jardin qui se terminait du côté de la vallée en une immense prairie plantée de peupliers bordée par la rivière, avec pour horizon les collines fuyantes, moutonnées de ronces et d'ajoncs, de la presqu'île du Cotentin.

Le pavillon de Sonyeuse! les longues promenades et les doux effarements de mon enfance à travers les allées en berceau et le silence de ses quinconces, et mes jeux de gamin sur ses pelouses ensoleillées, ses grandes pelouses en herbes folles et en graminées, où pâturaient hiver comme été les trois vaches du gardien; ce grand jardin, mi-forêt mi-prairie, si calme et si solitaire avec la silhouette au fond de son pavillon dormant, mais d'un calme et d'une solitude si particulière, que mes nerfs d'enfant surexcités finissaient par y vibrer comme les cordes d'une harpe, et que parfois je m'arrêtais, au milieu d'une partie de cerceau ou de toupie, tout frissonnant d'une indicible peur.

Et pourtant c'était un privilège envié par tous les autres enfants de mon âge que l'accès de cette espèce de jardin-féé. Moi seul et ma bonne avions le droit d'y pénétrer, et c'était par les courtes, mais suffoquantes chaleurs de juillet, un repos et un bien-être que les heures de la sieste passées à l'ombre verte des hauts tilleuls, dans le calme et le silence, tout bourdonnant de vols d'insectes, de ce profond et frais jardin. Le jardinier, un ancien grenadier de l'empereur, tombé après Waterloo dans ce trou de petite ville et qui se consolait des gloires disparues en cultivant des fleurs, avait bien voulu confier à mon père une des clefs du vieux domaine.

— Le gosse y sera plus à son aise que sous les châtaigniers du cours, lui avait-il mâchonné brusquement, un beau jour, dans un élan d'enthousiasme attendri devant une collection de tulipes doubles : des échanges mutuels de graines et de boutures avaient créé une sorte d'amitié... botanique entre ce vieux grognard et mon père, un passionné d'horticulture comme il n'est pas rare de voir s'en produire aux approches de la cinquantaine dans la calme vie des bourgeois de province mariés sur le tard. Cela avait commencé par des oignons de jacinthe ; des écussons de roses de la Malmaison avaient resserré des rapports déjà par eux-mêmes excellents. On s'était passionné aux chrysantèmes, un plan de tulipes avait décidé de la liaison.

Ce vieux père Bricard (la physionomie d'un vieux ours blanc avec ses cheveux tondus ras, mettant sur son crâne rose un court frisson de neige, et ses moustaches jaunies par le tabac, couleur de martre zibeline aux deux bouts retombants) logeait dans le fond de son quasi-parc avec le droit de vente de légumes pour seuls appointements; ce vieux père Bricard avait voué aux marquises de Sonyeuse un culte d'autant plus extraordinaire du moins chez un tel homme, qu'aucune marquise du nom n'avait mis les pieds au pavillon depuis plus de cent ans. Certes, il existait des marquises de Sonyeuse : une d'entre elles avait été dame d'honneur de la duchesse d'Angoulême et avait officié aux Tuileries; ce devait être Mme la marquise douairière, encore vivante, et résidant à l'hôtel de Soissons, rue des Carmes, à Rouen. La jeune marquise, la belle-fille, une de Boisgelon-d'Esprise, et dont quelques familles de la ville avaient reçu le faire-part du mariage un mois après la cérémonie, habitait l'hôtel familial avec son mari, le seul marquis de Sonyeuse actuellement vivant.

Était-ce pour la marquise douairière ou pour sa belle-fille que le père Bricard ratissait si infatigablement le sol de son allée principale, celle qui allait de la grille d'entrée au pavillon? pour la vieille femme ou la jeune mariée, qu'il peignait si consciencieusement la première pelouse s'arrondissant en cœur devant le grand perron? Cela demeura toujours entre lui et sa conscience de vieux militaire.

— Je veux que Mme la marquise n'ait rien à dire, c'est mon idée, s'obstinait-il à nous répéter à ma bonne et à moi, au cours de nos promenades dans le grand pavillon de la rue Viorne.

— Mais puisqu'a n'est jamais venue, votre Mme la marquise, et qu'a ne viendra pas, s'évertuait à lui prouver ma bonne Héloïse.

— Et si elle venait? Est-ce qu'on sait jamais... avec les femmes?

Et il reprenait sa bêche ou son râteau, c'était son idée fixe à lui : contenter Mme la marquise;

il attendait son arrivée, comme l'avance à l'ordre de son colonel ; une dévotion de vieille culotte de peau tournant à la manie dans ce vieux soldat tombé presque en enfance, dévotion d'autant plus touchante que nul escarpin de marquise de Sonyeuse ne vint jamais fouler le sable de cette unique allée, bien entretenue par lui, pas plus que le ray-grass de la petite pelouse, objet de ses amours. Il faut d'ailleurs ajouter à sa louange qu'en dehors de l'espace compris entre la grille d'entrée et l'ensommeillé pavillon, Bricard laissait toute la propriété retourner grand train à l'état sauvage ; plus de massifs, des broussailles ; du foin de haut pré au beau milieu des allées ; du bois taillis dans les quinconces et des vignes vierges en guirlandes autour des marronniers du boulingrin.

Quant au potager, une merveille : châssis, semis, plants de légumes, primeurs de serre et melons sous cloches : le père Bricard récoltait des petits pois en décembre et des asperges en janvier. De nos jours, le brave homme se serait fait des rentes sur le carreau des Halles. L'hiver, il se contentait de vendre ses élèves le prix coûtant aux gourmets de la ville, et l'été les revendeuses du marché aux herbes lui achetaient sur pied ses champs de fève et ses carrés d'oignons ; par-ci par-là, entre un plant de choux-fleurs et une plate-bande de courges, une corbeille de fleurs de collection : œillets, chrysanthèmes, roses, iris ou tulipes, les plus belles espèces de fleurs de chaque saison.

De quoi faire un royal bouquet à Mme la marquise ! Une marotte à lui, à ce vieux tatillon.

Mais si la marquise ne vint pas dans ce beau jardin ensommeillé de Sonyeuse dont elle portait le nom, il y vint un jour une autre femme, et c'est pour celle-là que, pris malgré moi au charme du souvenir, j'ai tenté de faire revivre, sous ma plume, un peu de cette vieille demeure, où se dénoua si tragiquement ce qu'on a su ici de son histoire.

J'étais pourtant bien enfant, mais je n'oublierai jamais l'impression de ma première rencontre avec lady Mordaunt : Lady Mordaunt, était-ce bien là son véritable nom ? Quelle haute personnalité de l'aristocratie anglaise devait-il ensevelir et voiler à toute curiosité? bien des bruits contradictoires ont couru depuis au sujet de cette lady Mordaunt, dont l'étrange aventure fut le grand événement de ma première jeunesse et pendant dix années la conversation de cette somnolente petite ville ; mais celle qui devait préoccuper jusqu'à la passion l'imagination, cependant si calme, de toute une société de province, est demeurée mystérieuse et l'épitaphe de sa tombe, la tombe, qui pour tant de disparus a remplacé le puits antique et légendaire d'où sort la Vérité toute nue, l'épitaphe de sa tombe n'a même pas trahi son secret.

C'était par un de ces temps clairs et gris d'octobre, dont on dit communément en Normandie qu'il fait un temps à retenir les hirondelles ; je me trouvais errant avec ma bonne par les pelouses de Sonyeuse, non loin d'un grand massif de dahlias doubles, aux énormes fleurs tuyautées, encore tout emperlées de l'eau d'une averse tombée le matin, et mon jeu d'enfant consistait même à secouer l'une après l'autre toutes ces grosses collerettes au-dessus d'un vieil arrosoir ; ma bonne marchait derrière ou devant moi, je ne sais plus au juste, quand un léger bruit de voix nous faisait lever simultanément la tête.

De l'autre côté des dahlias doubles, les pieds dans l'herbe mouillée des pelouses, une dame était debout à quelques pas de moi.

Grande, mince et d'une souplesse de taille singulière dans un carrick à petits collets de drap ventre de biche (une nuance d'une douceur extrême à l'œil et dont je n'ai su le nom que bien longtemps après) elle m'apparut, et dans son vêtement et dans ses allures, dans sa grâce même, comme une personne d'une autre race, d'une nature autre que ma mère et les femmes de la ville, que je voyais tous les jours.

Sa mise était cependant des plus simples : depuis j'ai compris que ce jour-là elle était en costume de voyage; mais c'était la première fois que je voyais un carrick à petits collets, et puis la femme qui portait ce carrick était d'une beauté si délicate et si blanche, son cou se détachait si mince et avec une telle élégance, non déjà vue, au-dessus du drap de ce manteau, son visage ovale et peut-être un peu trop allongé, mais d'une exquise finesse, étonnait le regard par le laiteux et le satiné de sa peau; c'était de la neige dans toute son éclatante transparence et jamais depuis je n'ai rencontré de chair de femme aussi lumineusement blanche, on eût dit de l'aurore infusée sous ses tempes : toute enveloppée qu'elle fût de voiles de gaze jaune, bouillonnant au-dessus d'un grand chapeau de paille à la mode d'alors, à travers cette brume dorée, son teint de blonde éblouissait, mais ce qui achevait de déconcerter dans ce radieux visage et vous poignait en même temps le cœur, c'étaient les yeux, les yeux aux prunelles bleu sombre, deux saphirs presque noirs largement ouverts entre les paupières meurtries, deux regards douloureux, comme baignés de larmes et frappés cependant de je ne sais quelle stupeur.

Oh! l'effarement de ces yeux égarés et charmants dans leur supplication muette, j'y ai songé depuis bien souvent et j'ai toujours gardé en moi la conviction que la femme, qui portait de tels yeux, devait être sous l'influence d'un narcotique ou de quelque puissance mystérieuse!

Ces réflexions, bien entendu, je ne les fis que bien des années plus tard, bien des années après la mort de lady Mordaunt, quand les événements...

Ce jour-là, je me contentais de rester coi, les yeux béants, devant la belle dame étrangère : le père Bricard l'accompagnait, tête nue et dos bas, pétrissant un vieux chapeau de paille entre ses mains terreuses ; très humble, il semblait faire les honneurs de Sonyeuse : la dame, arrêtée à quelques pas de nous, ne nous avait pas vus, elle regardait probablement devant elle, sans même un but à ses regards ; elle avait repris sa promenade visiteuse et s'en allait maintenant à travers la pelouse, la démarche sinueuse et molle, en relevant sa robe d'une main.

Nous vîmes alors, ma bonne et moi, que la dame n'était pas seule : un homme, que nous ne vîmes que de dos ce jour-là, mais élégant et bien pris dans une redingote olive, la tournure jeune et le jarret nerveux, accompagnait l'étrangère au voile jaune : son mari, sans doute, car une adorable petite fille, qui pouvait avoir à peu près mon âge, de neuf à dix ans, sautillait pendue aux basques de sa redingote, mettant à chaque bond le rose de ses jambes nues dans le vert des grandes herbes et dans l'air le brusque envolement d'une nappe de cheveux blonds.

— Ce sont des Anglais, résumait dans sa sagesse de paysanne ma bonne Héloïse, une opinion basée sur les jambes nues et les tresses portées en liberté, dénouées sur les épaules, de l'enfant.

Ce fut tout ce jour-là.

Le soir, à table (dans la vie de province il n'y a pas de petit fait et tout ce qui n'y est pas ordinaire et prévu y prend les proportions d'un événement) je ne manquai pas de parler de ma rencontre.

— Des étrangers dans Sonyeuse, pensait mon père à voix haute, Bricard se serait alors laissé graisser la patte, voilà qui m'étonnerait un peu et me gâterait mon vieux Bricard ! et puis se ravisant et s'adressant à ma mère occupée à servir le potage : « Ne serait-ce pas les Anglais du *Grand-Cerf?* »

Il y avait donc des Anglais au *Grand-Cerf?* Le *Grand-Cerf* était alors la première hôtellerie de la ville. Qu'étaient ces Anglais que je ne connaissais pas? ma curiosité d'enfant était on ne peut plus surexcitée, mon père et ma mère échangeaient quelques mots à voix basse : Héloïse, qui servait à table, était interrogée.

— Et la petite porte les jambes nues et les cheveux sur le dos en désordre ; elle a des cheveux blonds? demandait ma mère.

— Oui, madame, de très beaux cheveux blonds.

— Ce sont les Anglais, concluait mon père.

Ce jour-là je ne sus pas davantage.

Mais ce que je sus et à n'en pouvoir douter le lendemain, c'est que Sonyeuse et le magnifique jardin des Annonciades étaient dorénavant porte close pour moi : nous nous heurtions, ma bonne et moi, à une consigne inexorable : le vieux Bricard venait dans la journée réclamer la clef de la petite porte à mon père; les étrangers rencontrés la veille au tournant d'une allée étaient désormais les hôtes du pavillon et du jardin; M. le marquis avait loué Sonyeuse à ce couple d'Anglais et tout une armée de terrassiers, de charpentiers et d'ouvriers peintres y bouleversaient déjà communs et boulingrins.

Sonyeuse, M. le marquis avait loué Sonyeuse. On n'en revenait pas dans le pays. Sonyeuse qui, depuis trois cents ans, n'était pas sorti de la famille..., ce devait être, sûrement, à quelque allié ou quelque parent ! et les fermiers... où M. le marquis toucherait-il désormais ses fermages ?

Quels étaient ces Anglais ? d'où venaient-ils ? quel motif les amenait à S... ? les recevrait-on ? étaient-ils mariés ? la première question, que pose la médisance des petites villes méfiantes à tout jeune homme et toute jeune femme installés depuis peu dans leurs murs ; feraient-ils des visites ? leur rendrait-on ? car les connaissait-on ? et le train train ordinaire de mille et un points d'interrogation malveillante, qu'une société de province dresse autour de tout couple inconnu.

Ce qu'on était convenu d'appeler la bonne compagnie de S..., quelques familles arrogantes et gourmées de petite noblesse de robe, n'eut pas à se mettre en peine d'impertinences. Lord et lady Mordaunt ne firent de visite à personne ; retirés derrière les grands murs de Sonyeuse, ils vécurent là dans la solitude absolue, sans paraître même se douter à quel point ils préoccupaient l'opinion.

Hormis à la basse messe de neuf heures, à l'Abbaye, où une berline de louage l'amenait tous les dimanches, on ne rencontrait lady Mordaunt nulle part; Lord Mordaunt, un brun à la figure passionnée, à la peau olivâtre, au profil d'oiseau de proie et qui paraissait plus jeune que sa femme, promenait presque tous les matins, par la ville, un superbe cheval de selle qui valait bien dans les trois cents louis; un autre cheval attendait, paraît-il, à l'écurie les ordres et le bon caprice de mylady, mais c'est un caprice qu'elle n'eut pas, car, les rares fois où je la croisais en dehors de l'église où sa présence me donnait, durant les offices, de coupables distractions, elle était à pied et toujours accompagnée et de son mari et de l'enfant, que j'avais vue avec elle dès le premier jour.

Son mari! et il fallait entendre nuancer ces deux mots « *son mari* », à Mme de Saint-Énoch, entre autres, la femme la plus collet monté de cette petite ville de S..., où ses jugements faisaient règle d'opinion, *son mari* et *sa fille à elle, car cet homme est bien trop jeune pour être le père de cette enfant; il a vingt-trois ans, ce soi-disant Mordaunt: pour moi tout cela n'a rien de catholique et recèle quelque mystère!* et c'était aussi l'avis partagé par les miens, par ma mère surtout, qui nourrissait pour les étrangers de la rue de Viorne une soupçonneuse aversion.

Entrait-il dans ce sentiment un peu de jalousie pour l'exquise joliesse et l'élégance innée de l'étrangère? ma mère avait-elle puisé cette espèce de malveillance haineuse dans sa fierté d'honnête femme, blessée de ce bonheur irrégulier installé triomphant sous ses yeux? mais j'eus deux fois l'occasion, tout enfant que j'étais, de me rendre compte par moi-même de cette injuste hostilité.

La première fois à l'église, à l'Abbaye même de S..., où le hasard nous avait donné l'Anglaise et sa fille comme voisines de chaises et où déjà depuis six mois, chaque dimanche, nous entendions, ma mère et moi, la messe basse de neuf heures, à peine séparés des deux étrangères par l'épaisseur d'un fût de pilier : inutile de vous dire que je ne partageais nullement les sentiments maternels à l'égard de la jolie étrangère : la première impression faite sur mes sens d'enfant dans le parc abandonné de Sonyeuse n'avait fait que croître et grandir ; durant les offices, je ne pouvais me lasser d'admirer cette délicatesse de profil et d'attache de cou qui m'avait tant frappé dès le premier jour : cette transparence de teint et cette éblouissante pâleur qui, dans le clair-obscur de l'église, s'affinait et pâlissait encore, comme idéalisée par le jour mystique tombé des vitraux, cette élégance et cette pâleur m'hypnotisaient ; et, si j'emploie là ce mot bien moderne et qui détonne, avec son air de terme technique, dans le gris et l'effacé de cette histoire mélancolique, c'est que je n'en trouve pas d'autre pour caractériser l'espèce d'obsession que cette pâleur et cette chair exerçaient déjà sur moi. Depuis, je me suis dit bien souvent que lady Mordaunt avait dû être mon premier amour de petit garçon imaginatif et précoce, et cette opinion, j'en trouve la confirmation dans le souvenir de maints et maints petits détails demeurés vivants dans ma mémoire, détails très minutieux, inhérents à la femme et dont se préoccupe peu, en général, l'imagination d'un enfant ; le souvenir de son parfum, par exemple, un parfum pénétrant et doux, où il y avait de l'iris et du jasmin, et qui montait d'elle, dès qu'on se rapprochait, comme quand on passe en juin contre la haie d'un jardin en fleurs : ce parfum entêtant et suave, tous ses vêtements en étaient imprégnés, et, longtemps après sa sortie de l'église, le bas de la nef, où elle entendait la messe auprès de nous, en gardait persistant derrière elle le sillage embaumé.

Ce parfum, tenace obsession, je le respirais toute la journée du dimanche dans ma chambre, au salon, à table, où la subtile effluve me parlait encore d'elle, et, les narines voluptueusement ouvertes, je n'avais qu'à fermer les yeux en le respirant pour revoir aussitôt son délicat profil aristocrate et cette fine pâleur ombrée d'un bandeau blond sous sa capote de peluche violette.

La petite fille aux grands cheveux couleur de seigle mûr, qui gambadait, le jour de notre première rencontre, suspendue à la main de lord Mordaunt, l'accompagnait toutes les fois à l'église : pauvre enfant craintiv et comme dépaysée dans cette petite ville inconnue et des habitudes qui n'étaient plus les siennes! très blanche de peau et toute frêle, elle aussi, de structure et d'attaches, elle avait déjà dans ses grands yeux bleutés le regard douloureux et surpris de sa mère; il y avait de l'effarement dans les timides coups d'œil qu'elle nous jetait parfois en entrant à la messe, comme à la dérobée, avant de se mettre à genoux, mais quelle adorante et fervente tendresse dans ce doux visage, quand ces beaux yeux effarouchés se venaient reposer sur les yeux de sa mère! C'était touchant de les voir ensemble; cette mère et cette fille s'idolâtraient!

Pauvre petite; je crois la revoir encore avec son air d'*oiseau tombé du nid*, comme disait en parlant d'elle notre vieux médecin, le docteur Lambrunet, le seul homme de la ville admis à Sonyeuse et qui y allait souvent, dans ce pavillon interdit à tout autre, appelé auprès de l'enfant de ces Anglais, une petite santé dans sa fragilité de fleurette de luxe.

C'était pour la santé de cette petite fille que lord et lady Mordaunt étaient venus habiter S....; les médecins de Londres avaient ordonné l'air salin et tempéré pourtant d'une vallée de la côte normande à la poitrine un peu frêle de l'enfant. C'était du moins la raison que donnait de leur séjour ici le docteur Lambrunet, assiégé de l'aube à minuit de toutes les questions de la ville ; il était le seul homme qu'on reçût à Sonyeuse : ces Anglais mystérieux seraient venus s'ensevelir à S... rien que pour cette enfant ; la société de S... n'en voulait rien croire, il y avait certainement autre chose, mais quelle était cette autre chose... le vieux médecin n'en soufflait mot.

Toujours est-il qu'il soignait l'enfant, ou *les deux*, ajoutait la Saint-Énoch. Je n'ai jamais su pourquoi, mais l'opinion publique voulait que lady Mordaunt fût encore plus atteinte et souffrante que sa fille du mystérieux mal qui leur assignait S... comme ville de guérison ; elle était si frêle et si pâle, cette lady Mordaunt ; si étrange était surtout l'expression de ses larges prunelles, de ses grands yeux noyés et comme hagards. On avait d'ailleurs remarqué qu'elle n'allait jamais du côté de la mer ; toutes leurs promenades à trois, le père, la mère et l'enfant, étaient toujours dirigées dans la campagne, en dehors de la ville, et quand on les rencontrait durant les longues et chaudes journées d'août et parfois même assez tard dans l'arrière-saison, par ces clairs et mélancoliques ciels d'octobre, qui sont le charme de la Normandie, c'était toujours dans les vallées, à l'entrée de quelque sentier sous bois, à la lisière de quelque futaie reculée et solitaire.

La petite fille, on la rencontrait encore, promenée, sur les quais et le long des bâtiments du port, à la main de son père; mais lady Mordaunt, elle, jamais ne dépassait l'emplacement de l'Abbaye, appuyant ses assises au cœur même de la ville : on aurait dit qu'elle craignait la mer et tout ce qui pouvait venir de la mer !

C'est une femme qui se cache : le mot était encore de la Saint-Énoch, naturellement.

C'est vis-à-vis de la *femme qui se cachait* que je surpris par deux fois ma mère (et pourtant ma mère était bonne) en flagrant délit de cette espèce d'arrogance hostile et soupçonneuse qui était l'esprit même des femmes de la ville.

La première fois ce fut à l'église, à l'Abbaye, où

nous avions coutume, ma mère et moi, d'entendre la même messe basse que les deux Anglais de Sonyeuse, séparés des deux femmes d'une distance d'à peine quelques pas.

Pendant toute la durée des offices, ce *pauvre petit oiseau tombé du nid* de miss Mordaunt, qui ne devait pas s'amuser tous les jours, élevée à l'écart et seule, comme elle l'était, sans jamais frayer avec d'autres enfants d'âge, cette pauvre petite miss Mordaunt ne cessait de tourner de mon côté l'effarement de ses grands yeux quémandeurs; elle n'aurait pas demandé mieux que de faire connaissance, la pauvre petite isolée, mais elle n'osait, surveillée qu'elle était par les regards à longs cils baissés de sa mère, peu encouragée d'ailleurs par la physionomie très renfermée de ma mère à moi, mais manifestement surexcitée par mes mines sous cape et mes sournoises simagrées de vaurien.

Au courant d'une de ces comédies muettes, son livre de messe, un bijou de reliure, gaine de velours mauve et dont j'avais depuis longtemps déjà remarqué les fermoirs faits de trèfles d'émail, lui glissait d'entre les doigts. Il glissait donc, ce livre, et venait avec un grand bruit mat se fermer à mes pieds au beau milieu des dalles poussiéreuses; elle, toute cramoisie, en était demeurée coite et je me baissais déjà pour ramasser ce livre et le lui rendre, quand ma mère, qui avait vu le mouvement, me tirait brusquement par le bras, et de surprise je restais interdit et tout droit.

Lady Mordaunt se baissait alors le plus naturellement du monde et, par une inclinaison de tout son beau corps souple, ramassait le livre à terre et le remettait ouvert entre les mains de l'enfant; mais elle n'avait rien perdu de la scène et du mouvement de ma mère, car ses belles mains tremblaient un peu, à elle aussi, en feuilletant son paroissien pour y retrouver sa messe, et dans le regard surpris qu'elle jetait sur moi il y avait comme un remerciement; mais pourquoi ce regard était-il si étonné, qu'avais-je fait là de si héroïque qu'on en parût surpris !

Ma mère qui était foncièrement bonne eut-elle le regret de l'impertinence gratuite faite à lady Mordaunt dans son enfant...? toujours est-il qu'après l'*Ite missa est*, elle se levait, dépêchant ses prières, et se trouvait en même temps que les Anglaises auprès du bénitier ; lady Mordaunt, levée la première, avait déjà trempé sa main gantée de gris ; ma mère alors, comme si rien n'était, mouillait, elle aussi, ses doigts dans la vasque de marbre et, se tournant vers la petite Mordaunt, tendait à cette peureuse enfant sa main humide d'eau bénite.

Lady Mordaunt avait une imperceptible inclinaison de tête et passait.

Ce qui n'empêche pas que le même jour, au déjeuner, ma mère avait avec mon père cet entretien révélateur : « Tu seras bien aimable, à la première occasion, de demander au bedeau de changer mes deux places et de me faire avancer vers le chœur, les dames anglaises de Sonyeuse donnent des distractions à ton fils pendant les offices. »

Je baissai le front et ne sonnai mot.

Le dimanche suivant, nous prîmes place ma mère et moi sous la chaire même du prédicateur, à mi-nef du chœur ; en pénétrant dans l'église, je jetai un rapide coup d'œil vers mes anciennes places ; lady Mordaunt et sa fille n'y étaient plus, elles aussi, avaient abandonné un voisinage importun et étaient montées vers le chœur, mais du côté juste opposé au nôtre : la grande travée nous séparait désormais.

Lady Mordaunt et ma mère se rencontrèrent encore ce dimanche-là auprès du bénitier, mais il n'y eut ce jour-là ni eau bénite offerte, ni inclinaison de tête.

La seconde fois c'était au cours d'une de ces longues promenades aux environs de S..., où mon père, un enthousiaste de la Nature élevé à l'école de Jean-Jacques, avait coutume de nous emmener, ma mère et moi, tous les dimanches de six mois de l'année, depuis le dimanche de Pâques en avril jusqu'à la Toussaint dans l'arrière-saison.

Parmi les admirables paysages de cette région de l'Ouest, toute de bois et de prairies avec les vallonnements des falaises voisines, ma famille avait adopté quelques sites et parmi ces sites favoris une étroite valleuse, profondément encaissée dans un pli de colline, tout en hautes futaies mêlées de bois taillis, une espèce de forêt séculaire envahie et de ronces et de lianes, un coin de nature fée, éclose on ne sait comment, mystérieuse et sauvage, au milieu des reposantes intimités, parfois un peu poncives de cette grasse Normandie.

Cette Normandie aux verdures toujours neuves et lavées par les pluies, qu'un de ses conteurs énamourés, M. Barbey d'Aurevilly, a comparée à une jeune fille aux joues fraîches tout humides de larmes.

Je n'avais que douze ans, mais, liseur enragé de romans de chevalerie et le cerveau déjà farci de récits épiques et d'histoires fabuleuses, j'avais, dans mon imagination d'enfant, baptisé ce coin feuillu et solitaire du nom charmant de Broceliande.

Broceliande, la forêt des pommiers du pays de Bretagne, où l'astucieuse et svelte fée Viviane prit à son piège le vieux mage Myrdhinn, Broceliande où depuis cent ans le vieux barde oublié dort, enseveli dans l'herbe, son sommeil sorcier, exilé de la mort et rayé de la vie.

Les genêts étaient d'or, et dans Broceliande
L'iris bleu, ce joyau des sources, la lavande

> Et la menthe embaumaient. C'était aux mois bénis,
> Où le hallier s'éveille à l'enfance des nids
> Et les pommiers neigeaient dans les bois frais et calmes.
> Au pied d'un chêne énorme, entre les vertes palmes,
> Des fougères d'avril et des touffes de lys
> Viviane et Myrdhinn étaient dans l'ombre assis.

Ces vers que je composais beaucoup plus tard, dans ma vingtième année, j'ai toujours pensé qu'ils m'avaient été inspirés par une tenace et délirante impression d'enfance et, si j'ai tant célébré depuis et en prose et en vers la galloise Viviane et l'enchanteur Myrdhinn, l'image de lady Mordaunt, certes, n'a pas été non plus étrangère à cette obsession d'une légende plus anglaise en somme que française et à l'espèce d'amour posthume voué par moi, au-delà de l'espace et du temps, à la blonde ennemie de Merlin.

Broceliande! ce coin de parc en forêt et qui s'appelait en réalité Franqueville, Broceliande, c'était bien Broceliande en effet, où je me promenais avec les miens ce jour-là, un clair et chaud dimanche de juin, Broceliande avec l'enneigement fleuri des pommiers sauvages, crispant leurs troncs rugueux dans l'ombre des sapins, et ce grave silence où palpitaient comme des voix, effroi d'ailes dans les feuilles, bruit de pas sur la mousse, et dans l'air cette enivrante odeur d'amande amère, que répand l'aubépine en fleur.

Comme nous grimpions tous trois, mon père, ma mère et moi, par un étroit sentier raviné, dévallant raide sous bois et tout obstrué de branchages et d'énormes racines traînant en nœuds de serpent sur l'argile des talus (je me souviendrai toujours du bleu intense et cru du ciel qui brillait ce jour-là sur nos têtes), nous nous rencontrions nez à nez avec les Anglais de Sonyeuse, père, mère et enfant.

Nous montions, eux descendaient la sente.

Lady Mordaunt avait-elle reconnu ma mère! la sente était, je crois l'avoir dit, très étroite ; avec une politesse exquise les hôtes de Sonyeuse se rangeaient tout contre le talus et s'effaçaient pour nous laisser passer.

Mais dans ce mouvement le grand chapeau de paille de lady Mordaunt se trouvait accroché à une branche et, tout à coup décoiffée au passage, l'Anglaise s'arrêtait brusquement, la taille et les épaules comme inondées, submergées d'aurore, subitement drapée dans un manteau d'or blond.

Sa magnifique chevelure s'était dénouée au passage et, son poids l'entraînant, avait déferlé comme une vague de sa nuque aux talons.

Ce fut un éblouissement.

Lady Mordaunt portait ce dimanche-là un spencer ajusté de soie verte sur une robe de mousseline blanche à volants.

Dernière magie, un rayon s'était pris dans ce métal en fusion.

Mon père et moi avions fait halte malgré nous, stupéfiés, admirant ; cette adorable et frêle vision blanche, coiffée d'une coulée d'or et se détachant en traits de lumière sur les ténèbres vertes et mouvantes d'un bois ! je marchais, moi, ébloui, en plein rêve : ce Franqueville était bien Broceliande, Viviane y surgissait dans le creux des vallons.

Avec quel air et quels yeux de passion lord Mordaunt s'approchait alors de sa femme ! L'inquiète adoration de ses gestes en lui venant en aide et en essayant de réparer le désordre de sa coiffure ! non, il faut avoir vu cela pour comprendre la folie quasi-sauvage qui sans doute enflammait leur liaison.

Tout priait et tout implorait dans ce fier profil d'oiseau de proie, milan soudain apprivoisé ; et la ferveur de ce regard ordinairement d'onyx, méfiant et dur ! cet homme au nez en bec d'aigle, au teint chaud et torréfié, avait, lui aussi, sous ses sourcils rejoints, nets et tracés comme à l'encre de Chine, des yeux bien curieux, des vrais yeux de pierrerie, éclatants et froids ; mais ce jour-là les pierreries avaient, je vous assure, toute l'humidité de la passion.

J'étais bien jeune encore pour analyser tout cela, mais, en surprenant le regard de l'Anglais à sa femme et le coup d'œil qu'elle lui rendit, elle, la bouche entr'ouverte dans la moue d'un demi-sourire, j'eus la sensation qu'on m'étreignait le cœur et je connus pour la première fois, je l'ai cru du moins, la morsure de la jalousie.

Mais cet incident dura à peu près une minute et je mets une heure à le raconter.

Lady Mordaunt s'activait maintenant, très confuse, à réparer le désordre de sa coiffure et, des épingles à cheveux entre les dents, les bras levés dans un mouvement qui mettait en valeur et son buste et ses hanches, elle avait tordu sa chevelure en gros câble et essayait de faire mordre à même ce câble un peigne de corail rose, d'un rose de fleur rose dans toute cette mousse d'or.

Mais la fleur rose, c'était lady Mordaunt elle-même. Honteuse comme d'une impudeur de cette chevelure étalée, un flot de sang lui empourprait le cou, les lèvres et les joues, et, cramoisie jusque dans l'échancrure de son spencer de soie, elle se recoiffait hâtivement, fébrilement, et son sourire gêné dégénérait en moue, et ses beaux yeux effarés et craintifs semblaient implorer grâce : ils demandaient pardon, ces yeux.

Elle parvenait, enfin, à reconsolider sa coiffure, et avançant un pied menu, elle passait furtivement, légère; son mari soulevait son chapeau et suivait; alors nous qui étions restés tous trois béants à cette place, mon père et moi du moins, rendions le salut et continuions notre route, quand ma mère, demeurée un peu en arrière muette et froide, à la place même de la rencontre, nous toisait d'un regard et, remontant d'un haussement d'épaules son mantelet de satin sur son dos. « Ces créatures! » laissait-elle tomber assez haut pour que l'Anglaise eût pu l'entendre.

« Ces créatures! » et de toute la promenade elle ne souffla mot.

« Ces créatures! » ce que mon imagination d'enfant travailla longtemps sur cette boutade « ces créatures » : lady Mordaunt n'était donc point comme ma mère et les autres femmes que je voyais à la maison? *Ces créatures!* phrase hautaine de bourgeoise respectée qui tue comme une balle et déclasse d'un mot.

C'est dans l'année même qui suivit cette rencontre qu'éclata la tragique aventure qui devait briser ces deux existences et réduire en poudre l'apparence de leur bonheur, et cela à propos justement de cette effarouchée et craintive petite fille, qu'ils traînaient toujours sur leurs pas, elle avec des yeux d'adoration et des gestes enveloppants de sollicitude; lui avec une complaisance attentive de sigisbée, plus galant que paternel, évidemment préoccupé de l'enfant à cause de la mère.

Cette pauvre petite miss Mordaunt, si jolie et si pitoyable surtout avec son frêle et délicat visage éternellement penché sur son épaule gauche, l'air si *petit oiseau tombé du nid*, comme disait le docteur, et la gaucherie de ses petites mains inoccupées et veules d'enfant esseulée qui s'ennuie !

Nous la rencontrions souvent par la ville à la main de son père, trottinant de toute la force de ses petites jambes nues pour régler sa marche sur le pas ferme et comme emporté de l'Anglais : depuis les places changées à l'église, elle n'osait plus lever sur nous la supplication muette de ses yeux bleus ; elle nous préoccupait cependant et, plus que nous ne l'avouions, ma bonne et moi, cette mélancolique et solitaire enfant de riches, pauvre petite paria qui jamais ne parlait à personne et à qui personne jamais ne parlait. Elle s'appelait Hélène, et c'est tout ce que nous savions d'elle ; mais il n'était pas de jours où ma bonne et moi, soit au retour, soit à l'aller de notre promenade à l'entrée des champs, nous ne passions, comme indifféremment, par cette froide et calme rue Viorne, devant la grille même de Sonyeuse où nous ne manquions pas de nous arrêter.

Le pavillon dressait toujours au fond de la grande allée de marronniers sa silhouette à toits élevés, guillochés de lucarnes ; les lourds entablements de pierre se détachaient même plus blancs qu'autrefois sur la rouille des briques, aujourd'hui soigneusement lavées, mais Sonyeuse n'en gardait pas moins son aspect de pavillon dormant au milieu de ses pelouses et de ses grands ombrages immobiles, comme ensommeillés, eux aussi, dans un séculaire oubli : au loin, la fuyante vallée ; et il semblait d'autant plus dormir, ce mélancolique domaine de Sonyeuse, dont le nom revient à chaque instant au bout de ma plume avec le glas d'une obsession, que tout occupé qu'il fût maintenant par ces Anglais indéchiffrables, les persiennes en étaient hermétiquement closes, du côté de la rue du moins ; les Mordaunt habitaient les appartements donnant sur la vallée ; il y avait même chez ces Anglais un tel besoin de se retrancher tout vivants du monde et de vivre cachés à tous les yeux, qu'ils avaient fait refaire à neuf les an-

4

ciens volets de bois de la grille, et que certains jours, ma bonne et moi, nous nous heurtions à une barrière d'auvents peints du rouge le plus cru, comme l'étal d'un boucher.

Ces jours là, plus de Sonyeuse : un caprice de lord ou de lady Mordaunt nous avait dérobé la vue du mélancolique et vieux domaine, ce domaine dont leur présence nous avait déjà exilés ; mais, en nous retournant un peu penauds, ma bonne et moi, de notre curiosité déçue, ce que nous regrettions, ce n'était pas de n'avoir point vû les hauts marronniers de trois siècles, ou les gazons peignés au rateau des pelouses, mais la petite Anglaise, souvent entrevue à travers les barreaux de cette grille assise sur un banc, la tête d'un gros chien sur ses genoux, ou, un cerceau à la main, debout au milieu d'une allée.

Pauvre petit oiseau, l'air toujours si désemparé et si triste, et pourtant si joliment et si simplement attifée, si bien mise ! Presque nue, hiver comme été, dans de délicieuses petites robes blanches, ou d'autres alors de nuances adoucies et exquises.

Cette petite abandonnée avait un trousseau de

princesse; il fallait que ces Mordaunt fussent immensément riches pour habiller une enfant de onze ans à peine avec un luxe, qu'auraient à peine pour les leurs les plus grands seigneurs millionnaires de Londres ou de Paris.

Elle n'en avait pas l'air plus gaie pour cela, la pauvre petite. Elle avait bien son cerceau, une balle dans les mains, mais je ne me souviens pas de l'avoir jamais vue jouer ; elle demeurait toujours là immobile, plantée dans le sable uni d'une allée ou bien s'y promenait très grave, à pas comptés.

Avant l'aventure du livre à l'Abbaye, sous la persistance de mes regards, elle finissait par regarder aussi, et, me reconnaissant pour son voisin de chaise, m'adressait de très loin un vague sourire, mais jamais elle ne s'approcha, jamais elle ne fit même un mouvement vers nous.

Ce devait être une nature très timide et très fière. Depuis la malencontreuse affaire du paroissien, quand elle m'apercevait du fond de son allée elle tournait la tête et s'en allait à petits pas !

Enfance douloureuse et voilée de mystère.

Mais je m'oublie à remuer les cendres éteintes d'antan, la poussière de souvenirs d'enfance, et mon récit s'attarde et traîne. J'arrive au fait.

L'hiver même qui suivit notre rencontre avec les hôtes de Sonyeuse dans les futaies de Franqueville, le bruit se répandit dans la société que lady Mordaunt était grosse : ce bruit, né on ne sait d'où et fondé sur les apparitions de plus en plus rares de la jeune femme, le docteur Lambrunet interrogé ne prit pas la peine de le démentir; si lady Mordaunt ne venait plus depuis deux mois à l'église, si on ne la rencontrait plus, même en berline, par les rues herbeuses et solitaires de la ville, c'est que sa santé, déjà si délicate, s'était altérée davantage : lady Mordaunt avait une grossesse des plus difficiles.

Condamnée à une immobilité presque absolue, elle vivait maintenant clouée sur sa chaise longue en l'adorante et continuelle compagnie de lord Mordaunt, qui ne la quittait plus : cloîtré dans l'espèce d'idolâtrie qu'il semblait avoir vouée à sa femme, cet Anglais remuant et passionné était devenu du jour au lendemain invisible : on ne le rencontrait plus par la ville; l'amour en avait fait un reclus. En revanche, nous croisions tous les jours la petite Hélène Mordaunt, beaucoup moins tenue sévèrement qu'autrefois, et maintenant accompagnée d'une gouvernante, une grande femme de chambre anglaise aux allures de dame, avec je ne sais quel faux air de lady Mordaunt répandu dans toute sa personne.

Cette fille s'appliquait-elle à copier sa maîtresse, ou devait-elle à la garde-robe de lady Mordaunt, qu'elle achevait de porter manifestement, cette lointaine ressemblance avec la femme la plus idéalement distinguée que j'ai jamais connue ? toujours est-il que tout S... se préoccupa huit jours de cette aristocratique femme de chambre.

Chose toute naturelle, en somme, lord et lady Mordaunt auraient-ils confié à la première venue la garde de leur Hélène, cette enfant quasi-royale?

D'ailleurs la société de S... commençait à se départir un peu de ses hostilités envers lord et lady Mordaunt; la grossesse douloureuse de la mère avait attendri les bonnes âmes de l'endroit et un courant de sympathie s'était établi autour de

4.

cette périlleuse maternité ; l'égoïsme humain a devant les maux, auxquels il se sent exposé, de ces subites fissures de pitié.

Ma mère elle-même semblait maintenant porter intérêt à la belle hôtesse de Sonyeuse, et il ne se passait pas de jours qu'elle ne s'informât auprès du docteur Lambrunet et de cette grossesse inquiétante et de cette frêle santé. Sa curiosité se trouvait d'ailleurs on ne peut mieux servie par une petite fièvre muqueuse, qui me tenait au lit depuis une quinzaine et nous amenait régulièrement le docteur une fois par jour.

Ce bon vieux docteur, il avait coutume d'arriver chez nous vers les six heures, six heures et demie du soir, ses visites de la journée terminées, et, à la bonne clarté de la lampe, il s'attardait à ressasser, à l'oreille curieuse de ma mère, les nouvelles apprises chez l'un et chez l'autre. Une vraie gazette ambulante, notre vieil ami Lambrunet, mais d'une discrétion à toute épreuve quand il fallait être discret ; néanmoins je me suis toujours figuré que ma mère et lui ne détestaient pas cette quotidienne visite où se vidait en moins d'une demi-heure toute la hotte des racontars et des menus faits de la ville; c'était, j'en suis persuadé, la meilleure heure, l'heure blanche, *alba hora*, de leur journée : ils se retrouvaient là dans une douce et tiède intimité, dans le cœur à cœur de deux existences se côtoyant depuis des années, unis dans la même voie d'honnêteté et de devoir, tout heureux de se reposer dans le bien-être de cette claire chambre close et des fastidieuses corvées et des obligations de la vie de tous les jours.

Le coup de sonnette du docteur, rien qu'à la manière dont ma mère, toujours penchée sur quelque ouvrage de couture, prêtait l'oreille dans la direction de l'escalier sans même interrompre le va-et-vient de son aiguille, je le reconnaissais, moi, le coup de sonnette du docteur.

Derrière les rideaux de mon lit, soigneusement tirés et ne laissant filtrer dans la tiédeur obscure de l'alcôve qu'un peu du jour tamisé de la lampe, la respiration régulière et les paupières closes, j'étais tout oreille, moi aussi; ma malicieuse expérience d'enfant m'avait déjà appris que, devant les grandes personnes parlant affaires sérieuses, les gamins de mon âge devaient toujours dormir. Dès le coup de sonnette du docteur, je tombais donc dans un profond sommeil ; la porte s'ouvrait, un chuchotement confus bruissait aussitôt entre le visiteur et ma mère ; j'en distinguais quelques mots au vol et au hasard : « Comment va notre malade ? Mieux. A-t-il mangé ?.., la fièvre.., il dort... »

« Il dort. » Sur ce mot, le docteur s'avançait sur la pointe du pied jusqu'à l'alcôve et, écartant les rideaux avec des précautions infinies, prenait délicatement entre son pouce et son index ma main pendante hors du lit, me tâtait le pouls, puis, replaçant doucement la main sous les draps, ramenait la couverture sur ma poitrine de garçonnet, refermait les rideaux et venait s'installer au coin du feu près de ma mère. On y parlait d'abord de moi, puis de Sonyeuse et des gens de Sonyeuse, de la santé de lady Mordaunt et de son incurable mélancolie ; là-dessus, il arrivait à mon père de rentrer, et après les politesses et questions d'usage, la conversation devenait générale, prenait le ton de la discussion, et, au milieu des éclats de voix et de l'emportement des hypothèses, il m'arrivait de saisir (tout enfant que j'étais) que ce lord et cette lady Mordaunt méritaient plus la pitié que le respect ; qu'ils ensevelissaient à Sonyeuse une liaison adultère et coupable, et ce mot d'adultère me faisait rêver : que la petite Hélène n'était pas la fille de lord Mordaunt et que la belle et mélancolieuse mère d'Hélène se mourait lentement dans cette villa isolée et de sa propre faute et de son amour ! Révélations que venait interrompre le régulier « Madame est servie » d'Héloïse annonçant le dîner, et l'irruption dans mon alcôve de ce vieux bavard de docteur Lambrunet se décidant à donner enfin sa consultation.

Ma mère était debout à ses côtés, projetant sur moi toute la lumière de la lampe dont mon père avait enlevé l'abat-jour ; cette fois on ne craignait plus de m'éveiller. Lambrunet me palpait, pétrissait entre ses doigts ma chair moite, mes bras maigres d'adolescent, m'examinait lentement les paupières, le rose des gencives et le tartre de la langue : « Anémie, toujours de l'anémie, concluait-il, en me tapotant les joues ; du quinquina et du fer, pas trop de fer pourtant; comme il est agité. Petit, qu'est-ce que c'est que ces lubies? » Et après s'être versé un peu d'eau sur les doigts et s'être essuyé à mes serviettes, il descendait rédiger l'ordonnance en bas, escorté des miens et de la clarté de la lampe, dont la subite disparition me laissait, moi, dans l'obscurité.

Trois fois par semaine mes parents retenaient le docteur Lambrunet à dîner.

Ma chère petite alcôve de convalescent, au linge net et tous les soirs bassiné à neuf, c'est dans son ombre tiède et comme rafraîchie par la bonne présence de ma mère que je devais apprendre lambeaux par lambeaux l'atroce aventure de lady Mordaunt.

Ma fièvre touchant à sa fin, quelques jours avant d'entrer en convalescence, vers les six heures d'une froide et bleue soirée d'hiver, comme je sommeillais dans la moiteur de ma petite alcôve, ma mère, au coup de sonnette du docteur, avait, elle, ordinairement si calme, un sursaut de toute sa personne auquel je ne me trompais pas. Toute la journée elle avait été agitée, nerveuse; j'avais déjà remarqué sa voix brève dans les ordres donnés et parfois dans les regards jetés du côté de mon lit une tendresse effarée et peureuse, que je ne leur connaissais pas; au pas du médecin, ce jour-là, elle se levait toute droite et allait elle-même ouvrir. J'avoue que je me crus plus malade, et que l'idée que j'étais en danger fut la première qui me vint à l'esprit; je m'en dressais sur mon séant, la gorge subitement étranglée d'émotion.

— Eh bien, l'a-t-on retrouvée?

Tels étaient les premiers mots de ma mère au médecin, et à un regard interrogateur du Lambrunet du côté de mon lit : « Il va bien, il dort, » répondait-elle, et s'emparant de la main du docteur, elle le forçait à s'asseoir à ses côtés, et avec une passion dont je la croyais incapable : « Les avez-vous vus aujourd'hui? Sait-on quelque chose de cette malheureuse enfant? »

Et Lambrunet avec un accablement navré de tout son vieux visage et de ses mains tremblantes!

— Oui, je les ai vus? je sors de chez eux. L'enfant est bien perdue, irrévocablement. Enlevée!...

— Enlevée!

— Oui, enlevée, volée! et l'homme qui a fait le coup savait bien où il frappait, le misérable ; on ne retrouvera pas la petite, et la mère en mourra!

La mère, la petite... la maladie a-t-elle le don de double vue? j'avais immédiatement compris qu'il s'agissait de Sonyeuse, d'Hélène et de lady Mordaunt; l'impression avait été si forte que j'en mordais mes draps pour ne pas crier; ma mère avait rapproché sa chaise de celle du docteur; maintenant ils causaient à voix basse, mais dans l'ardeur contenue de ce chuchotement fébrile et, comme emportée, mon ouïe surexcitée devinait, plus qu'elle ne surprenait, des passages entiers de la tragique histoire!

Il y avait déjà deux jours que l'enfant avait disparu : elle n'était pas rentrée d'une de ses quotidiennes promenades avec sa bonne anglaise, voilà tout ; la femme de chambre, elle aussi, n'avait point reparu ; le premier soir on les avait d'abord crues égarées, réfugiées dans quelque ferme des environs et demeurées là passer la nuit; mais depuis deux jours que l'on fouillait les campagnes à dix lieues à la ronde et que toute la police de Rouen était sur pied, on ne retrouvait pas une trace, pas un indice, et c'était aujourd'hui le quatrième soir, le soir du troisième jour.

La jetée nord et les quais de la ville neuve étaient le dernier endroit, où le passage de l'enfant et de la gouvernante avait été signalé dans la journée du vendredi, date de leur disparition ; et l'on commentait le voisinage de la mer, la présence d'un bateau de plaisance en rade... Il y avait eu certainement rapt, enlèvement ; lord Mordaunt ne semblait conserver là-dessus aucun doute, et cette fille de chambre était complice : c'était elle qui avait dû conduire Hélène à l'endroit convenu par le ravisseur ; la misérable créature s'était laissée soudoyer ; elle avait trahi pour de l'or, beaucoup d'or sans doute. Combien avait-elle reçu pour consentir à cette infamie? Elle n'aurait eu qu'à parler, et on lui aurait donné le double et le triple pour qu'elle ne la commît pas!

Et la voix du docteur, presque solennelle, montait dans le silence de la chambre close.

« Le malheureux garçon fait peine à voir, il
« s'accuse, et s'emporte : « Le lâche, le lâche,
« écume-t-il, les lèvres serrées et toutes blanches,
« lui ai-je jamais refusé une réparation, une
« rencontre... il aurait pu me tuer au besoin,
« j'aurais compris cela... mais tuer cette femme
« dans son enfant, car elle adore sa fille, c'est
« une folie que sa passion pour cette enfant, je
« la connais, lady Mordaunt en mourra; regardez-
« la plutôt, n'est-elle pas déjà morte ! »

« Et le fait est, ajoutait le docteur, que la pauvre
« femme a reçu le coup de grâce — et à une in-
« terrogation emportée de ma mère :

— « Elle, lady Mordaunt, la malheureuse créa-
« ture, elle ne dit rien, elle ne se plaint même
« pas, elle est accablée, anéantie, muette ; il faut
« l'avoir vue comme moi, affaissée dans sa chaise
« longue, une pâleur de linge sur toute sa face,
« les yeux fixes, hagards, demeurer des heures
« entières, la bouche crispée et les mains inertes.

« Et pas une larme, pas un sanglot. Non, mais
« quelque chose de plus effrayant que les larmes;
« une flamme, un éclat effroyable du regard dans

« des paupières rouges et sèches, des yeux de morte
« à l'expression douloureuse et stupide, dont les
« muqueuses saignent et ne peuvent plus pleurer.
— « Et vous craignez...
— « Une fausse couche d'abord... et la folie
« ensuite. Elle a, depuis hier, une manière inusi-
« tée de se caresser le front avec la main, comme
« si elle voulait écarter de ses tempes une boucle
« de cheveux... ces gestes-là ne nous trompent
« pas, nous autres médecins... la fixité du regard,
« l'éclat des yeux secs et ce navrant et pitoyable
« geste... si d'ici demain nous n'amenons pas une
« crise de larmes... »

Mon père entra sur ces entrefaites :

— Eh bien, docteur, la petite Mordaunt, quelle atroce aventure !

Mais il n'en savait rien de plus que Lambrunet.

Il arrivait pourtant du cercle, où l'on ne s'entretenait que du malheur des Anglais de Sonyeuse et de la mystérieuse disparition : cet événement avait révolutionné S..; la ville, tout entière, plaignait maintenant l'infortunée lady. Le docteur confirmait à mon père les bruits courant déjà sur la santé si atteinte de la pauvre femme ; mon père en revanche apportait ce dernier racontar : un étranger de mise cossue, mais d'allures assez équivoques, descendu au Grand-Cerf quelques semaines avant le jour de l'enlèvement, et qu'on aurait vu rôder autour de Sonyeuse et, indice aggravant, causer avec Bellah, la femme de chambre disparue avec la petite Hélène.

— Et ce serait...? interrogeait le docteur.

— Mais l'Autre... le père... revenu reconquérir son enfant...

— Et tuer du même coup l'épouse et la mère ! « Oui, voilà en effet qui concorderait assez bien avec « les réticences échappées à ce lord Mordaunt ! Mais « saura-t-on jamais le fin mot de toute cette énigme « avec des êtres aussi cadenassés et barrés de si- « lence que ces Anglais de Sonyeuse. En attendant, « lady Mordaunt est tout bonnement en train de « devenir folle... Étrange histoire que tout ceci. « Mais, voyons un peu comment va ce gamin ! »

Lambrunet s'était levé, ma mère derrière lui soutenant des deux mains la lourde lampe ; je m'allongeai, tout moite, entre mes draps, abandonnant mon pouls aux doigts tâtonnants du docteur. Mon trouble avait-il éclairé Lambrunet? avait-il deviné à quel point cette affreuse aventure avait bouleversé tout mon frêle organisme de convalescent? la vérité est qu'il me trouvait ce soir-là plus agité, avec recrudescence de fièvre; il ne m'en tapotait pas moins les joues de sa main caressante, mais échangeait avec ma mère un regard significatif dont je ne compris l'importance que le lendemain soir.

Le lendemain soir, en effet, après toute une journée passée à dévorer mon impatience sans avoir adressé une seule question à ma mère, de peur de mettre sa perspicacité en éveil, quand, déjà annoncé par son trépidant coup de sonnette de la porte, le docteur Lambrunet pénétrait dans ma chambre, il allait droit à mon lit sans crainte de m'éveiller, cette fois, et, mon pouls tâté, ma langue examinée, il s'asseyait auprès de ma mère et causait avec elle indifféremment de choses et autres. De Sonyeuse et de lady Mordaunt, il n'était plus question. Là-dessus, mon père arrivait, prenait la conversation où il la trouvait, et, à l'entrée d'Héloïse annonçant le dîner, ils se retiraient tous trois, emportant la lampe et me laissant bouleversé de curiosité et d'indignation.

Il en fut ainsi des jours suivants ; une consigne avait été donnée, et tous autour de moi obéissaient à un ordre et pourtant je sentais que le drame de Sonyeuse n'était pas terminé ; au contraire son cours devait passionner toute cette petite ville, comme endormie dans la somnolence de ces courtes et tristes journées d'hiver. J'évoquais, dans ma pensée, Sonyeuse blanc de neige, ouaté de givre avec le silence mort de ses allées et la petite étoile des pattes de merles imprimée encore dans le velours blanc des pelouses, ces pelouses mornes entre les feuillages luisants des arbousiers et des houx ; c'est devant ce paysage désolé que lady Mordaunt agonisait sans doute, impénétrable et muette comme les horizons gelés de cette nature en deuil.

A la pâleur de ma mère, à l'emportement de ses étreintes en m'embrassant au front le soir, je devinais aussi que le *petit oiseau tombé du nid* n'était pas revenu...

Je patientai cinq jours attendant toujours un mot tombé de la bouche du docteur ou des lèvres de ma mère ; mais le cinquième jour, affolé devant ce parti pris de mutisme, Lambrunet et mes parents une fois descendus à la salle à manger, j'attendis fébrilement qu'ils fussent bien installés et, prenant mon courage à deux mains, j'enfilais une veste, un pantalon, et, pieds nus, au risque d'attraper la maladie et la mort sur ce froid carrelage, je descendais à tâtons l'escalier, et les doigts crispés sur le fer de la rampe, les cheveux collés de sueur aux tempes, je me postais dans le vestibule et là, les dents claquant de froid dans l'air de cave de ce corridor, j'écoutais, j'écoutais.

Mes prévisions ne m'avaient pas trompé ; mes parents avaient retenu le docteur à dîner et c'est de Sonyeuse et toujours de Sonyeuse qu'ils s'entretenaient à table.

« Hé ! mon Dieu, oui, c'est fini ; marmottait la voix du docteur, ce n'est plus qu'une affaire de temps maintenant, la maladie est sans remède... lady Mordaunt ne peut plus revenir à la raison.

— Et l'enfant ? interrompait la voix un peu

aiguë de ma mère, réclame-t-elle sa fille, parle-t-elle de son enfant ?

— Pas même, répondit le docteur, la mémoire chez elle a fui comme l'eau d'une cruche fêlée ; elle ne se souvient de rien, elle ne sait même plus le nom de son enfant. « Vous pourriez prononcer
« cent fois le nom devant elle, ce nom charmant
« d'Hélène, sans voir seulement frissonner ses pau-
« pières, un muscle de son visage tressaillir ; sa
« pauvre tête vide est devenue brûlante et doulou-
« reuse, elle a toujours, mais plus fréquemment
« maintenant, en se caressant le front, le geste que
« je vous signalais l'autre jour.

« Oh ! j'ai mal, oh ! bien mal, très mal, geint-elle
« en se touchant continuellement les tempes ; » voilà les seuls mots que désormais Mordaunt et moi pouvons en obtenir. Depuis hier pourtant, cette statue dolente a un caprice et une étrange manie, celle de faire peigner lentement, doucement, dans toute leur longueur, ses magnifiques cheveux blonds. »

Ses cheveux blonds ! Dans le noir de ce froid vestibule à peine éclairé par l'imposte de la porte et le reflet de neige du dehors, j'avais encore présente à mes yeux l'éblouissante vision de sa toison d'aurore, illuminant les vertes profondeurs des futaies de Franqueville.

— « Oui, c'est sa dernière folie, un caprice de mourante auquel on ne résiste pas. Étendue sur la chaise longue en jonc doré de sa chambre, le visage enfoui dans le velours ras des coussins ou la batiste des oreillers, elle tend à lord Mordaunt la soie lourde et fluide de sa belle chevelure : « Peignez-moi, peignez-moi, la tête me fait si mal ». Et sa voix est comme un soupir qui implore, câline et caresse. « Peignez-moi. » Et les yeux absents, la bouche crispée dans un navrant sourire, lord Mordaunt obéit ; il passe lentement, doucement, avec d'infinies précautions, la morsure du peigne à travers l'ambre clair et mouvant de ses cheveux; et cela des heures durant, pendant toute une monotone et mourante journée et sans un geste de fatigue, sans un mouvement de lassitude, d'ennui; avec des recherches savantes, il appuie tantôt les dents du peigne, tantôt égare à peine un frôlement, une caresse ; et elle, la frêle et sensuelle créature, sous la main qui la peigne, défaille et s'abandonne avec des sourires d'extase et des fixes regards de morte torturée qui semble encore jouir.

« Chose étrange, ces séances, qui l'exténuent et la brisent, sont le seul soulagement que je sache à ce mal bizarre et déroutant ; après cinq ou six coups de peigne donnés de certaine manière et prolongés savamment, il lui arrive de s'endormir, mais d'un sommeil profond et à traits crispés, à yeux grands ouverts et fixes comme sous des passes magnétiques ; les somnambules ont de ces accès de sommeil effrayant. Tant que lord Mordaunt garde sa main dans la sienne ou lui frôle du bout des doigts les cheveux et la nuque, elle dort ; mais Mordaunt cesse-t-il son point de contact, et tout autre que lui, moi, par exemple, essaye-t-il de prolonger son sommeil en continuant les effleurements, aussitôt elle s'éveille avec la violence d'une secousse électrique », et, en proie à son mal, sa dolente voix reprend : « Peignez-moi, peignez-moi », avec la ténacité d'une obsession. »

— « Et le contact de lord Mordaunt est la seule chose qui la calme ? »

— « Et de lord Mordaunt seulement croire que cet homme a déjà magnétisé, hypnotisé cette pauvre femme, cela tient de la magie et de l'envoûtement ; toujours est-il que toute dormante et inconsciente qu'elle soit aujourd'hui devenue, cet homme possède encore une terrible puissance sur ce frêle organisme de femme ; cela tient de l'attraction du fer sur un aimant. S'il en a la volonté, lui seul peut prolonger de quelques mois peut-être cette sensuelle existence de damnée, lui seul peut lui ordonner de vivre... mystérieux exemple de l'empire exercé par une âme sur une autre âme ou qui sait, simple et toute-puissante force d'un ardent amour. »

— « Ne me dites pas cela, interrompait le timbre frissonnant de ma mère, lord Mordaunt ne m'a jamais rien dit qui vaille ; oh ! cette figure de loup-cervier, avec ce nez busqué et ces yeux de braise ardente, j'en ai toujours eu, moi, et la crainte et l'horreur... Qui sait s'il n'a pas fait boire quelque drogue à cette malheureuse créature pour la décider à quitter pays, mari et famille, et l'amener où ils en sont tous deux, au malheur et au châtiment. »

Je faillis pousser un cri. Au fond de ce corridor où je grelottais, l'oreille collée à la serrure, deux yeux brillaient fixés sur moi dans la clarté laiteuse des vitres de l'imposte, deux prunelles bleu sombre, les regard douloureux et largement ouverts de la pâle lady Mordaunt, les deux yeux fous de la dame de Sonyeuse.

Je remontais précipitamment l'escalier, heurtant mes pieds nus à l'angle des marches et, plus mort que vif, me blottissais à tâtons dans la tiédeur de mes draps.

Toute la nuit un cauchemar atroce me dressa sur mon séant, la nuque humide et le pouls battant la campagne. Une vision affreuse, la tête comme décapitée de lady Mordaunt exsangue et pâle, aux yeux morts et noyés de stupeur, promenée à hauteur de mes lèvres par une main d'homme aux doigts osseux crispée, comme une serre, dans l'or blond de sa chevelure ; la main de

volonté, la main de possession de lord Mordaunt
devenue la main brutale d'un bourreau.

Pendant trois nuits j'eus, distincte et présente,
l'effroyable vision ; d'ailleurs ma fièvre avait dû
certainement empirer, car pendant quelques jours
je perdis toute notion des personnes et des choses ;
un continuel bourdonnement des tempes et de
vagues ombres, ma mère et Héloïse, tournant si-
lencieuses et graves autour de moi ; puis le léger
bruit d'une petite cuiller au fond d'une tasse de
tisanne très sucrée, qu'une main me faisait boire
à petites gorgées, tandis que par derrière la nuque
une autre main me soutenait, voilà quelle fut ma
vie pendant trois jours, huit jours que sais-je ! Combien de temps dura cela ! J'étais tombé dans un
tel état de faiblesse et de torpeur que j'avais complètement oublié Sonyeuse et ses tragiques habi-
tants ; j'avais dû prendre mal dans le courant d'air
glacé de ce noir corridor, les pieds nus sur le froid
des dalles ; d'où recrudescence de fièvre avec
délire, hallucination et rechute ; rechute assez
grave à en juger par les premiers mots dont le neu-
vième ou dixième jour ma mère assise à mon

chevet, les yeux attachés sur mes yeux, accueillait mon entrée en convalescence.

— « Méchant enfant, tu n'écouteras plus aux portes, n'est-ce-pas ? et, jetant l'enveloppement de ses bras autour de mon maigre petit torse, elle appuyait sa joue sur mes joues ou je sentais rouler la tiédeur de grosses larmes. »

Pauvre mère ! les yeux battus, la mine défaite et ses premiers cheveux blancs cruellement apparus sur ses tempes, elle avait dû passer la nuit auprès de moi. « Méchant enfant, tu n'écouteras plus aux portes, n'est-ce-pas! » Alors la fièvre m'avait trahi, j'avais dû parler de Sonyeuse et lady Mordaunt dans mon délire ou mon sommeil.

Je jetais mes lèvres aux mains poissées de sirop et de tisane de la pauvre femme et, me blottissant frileusement contre son corsage :

— « Comment va-t-elle, est-elle guérie ? hasardai-je avec une supplication des lèvres et du regard. »

Ma mère eut un silence de reproche puis, me passant la main dans les cheveux :

— « Lady Mordaunt? Oh! lady Mordaunt est guérie et la petite Hélène retrouvée. »

— « Retrouvée ! Hélène.

— « Oui » et elle se dépêchait fébrilement comme ayant hâte d'en finir. « Lord et lady Mordaunt sont repartis à Londres, Sonyeuse est à vendre, tu ne les reverras plus jamais, jamais.

— « Bien vrai, tout cela, maman. »

Un doute me restait encore.

— « Bien vrai. En voilà une question! allez, assez pour aujourd'hui: dormez, méchant enfant. »

Et, tapotant mes oreillers et en faisant bouffer le crin entre ses mains, elle me baisait au front et ramenait le drap sur mes épaules.

J'entrais en convalescence.

La convalescence et ses douceurs dolentes, l'esprit plus subtil dans un corps délicieusement brisé et, dans l'apaisement des crépuscules doux comme une bonne mort, la tiédeur de la chambre sans lampe, de la chambre obscure avec la blancheur mate des rideaux brodés aux fenêtres, comme un printemps blanc mettant aux vitres closes des fleurs de guérison !

Puis les visites du vieux docteur Lambrunet s'espacèrent : deux ou trois fois il me parla de mon amie Hélène, maintenant en Angleterre avec sa mère et lord Archibald Mordaunt, mais sans insistance, et ma curiosité satisfaite finit par s'assoupir dans un égoïste engourdissement.

Comment ne me vint-il aucun soupçon devant le parti évidemment pris de ne parler de Sonyeuse qu'à la dernière extrémité en ma présence, devant les précautions désormais observées pour ne jamais me laisser seul ? Ma bonne Héloïse montait maintenant dans ma chambre et y demeurait durant le repas de mes parents. Comment une méfiance du complot ourdi autour de moi ne m'est-elle jamais venue éclairer surtout devant la gêne et le malaise de cette fille, dès qu'elle se trouvait seule avec moi, devant le comique effroi de toute sa physionomie de bonne, quand il m'arrivait parfois de prononcer le nom de Sonyeuse et de lady Mordaunt ?... il est vrai que depuis.....

Mais la mémoire a de ces trous, l'intelligence de ces lacunes. Un jour pourtant (peut-on donner au vague pressentiment, que j'éprouvais, le nom

d'intuition ou de soupçon?) un jour, au courant
même de cette longue et dorlotante convalescence,
j'eus cette intuition, cette bizarre et indéfinissable
conscience d'un événement qu'on me cachait.
Cette intuition, je l'ai eue plus d'une fois depuis
dans ma vie, effet d'une sensibilité nerveuse et
presque maladive, dont j'ai déjà souffert toute ma
part de souffrances et dont je suis, j'en ai bien
peur, encore appelé à souffrir ici-bas.

C'était un matin d'avril, la dernière semaine de
cette convalescence qui traînait depuis deux longs
mois ; le beau temps était venu, ma mère avait
entr'ouvert ma croisée pour laisser entrer l'air
tiède et renouveler l'atmosphère de la chambre :
et encore très faible, les bras demi-brisés, mais
voluptueusement las, je regardais de mon lit par
la fenêtre ouverte tout ce qu'on voit d'une ville
de province par une fenêtre, des arbres, des clochers, des collines, des toits et des grands nuages
de lumière cheminant dans un ciel matinal, tout
assourdi des cloches en branle depuis neuf heures
du matin.

Elles sonnaient un enterrement, ces cloches, et

lentement semblaient se lamenter entre elles, sans trêve et sans merci, sur le déchirement d'une mort ; mais le ciel était si bleu, ce matin-là, et il soufflait de la vallée, où les pommiers hâtifs commençaient à se poudrer de blanc, une telle brise de printemps en fleur que ces glas m'arrivaient presque comme une gaieté, dans de la vie et du soleil.

Tout à coup mon père entrait dans ma chambre ; il était en habit de cérémonie, en grand deuil. « As-tu vu mes gants noirs? demandait-il à ma mère, le cortège est déjà à... »

Un regard de ma mère, qui s'était levée toute droite, l'arrêtait brusquement. « J'arriverai en retard », achevait-il en fouillant fébrilement ses poches.

« As-tu cherché dans la commode? » répondait tranquillement ma mère, et elle se levait, passait dans la chambre à côté, sûre de trouver les gants.

Dehors les cloches sonnaient toujours leur glas mélancolique.

« Tu vas à l'enterrement, papa, hasardai-je en

caressant mes doigts au drap lustré de sa manche,
qu'est-ce qui est mort? dis.

— Mais, le père Asthier, le receveur de l'enregistrement.

— Ah!

Ma mère rentrait avec la paire de gants, et mon père s'en allait.

A l'Abbaye le glas pleurait toujours.

Jamais depuis, je n'ai écouté, je crois, aussi attentivement des cloches ; à un moment leurs sonneries redoublèrent :

« On sort de l'église », pensait tout haut ma mère, et vingt minutes après, « on entre au cimetière. »

Et les cloches se turent, ce fut tout.

Pourquoi le soir du même jour, dans le silence de la chambre assoupie et gagnée par la nuit, à l'heure où l'âme assombrie semble entrer dans du noir et sent du noir entrer en elle, pourquoi cette question me vint-elle aux lèvres :

— « Lady Mordaunt est en Angleterre! bien vrai, la vérité, maman. »

Oh! le tressaillement de tout l'être de ma mère,

tout à coup accourue auprès de mon lit de fer et me couvrant avec je ne sais quelle tendresse avare de tout son corps de femme, puis elle m'embrassait et me forçait sous ses baisers à m'étendre entre mes oreillers, à m'assoupir, à m'endormir.

— « Toujours à Londres, mon chéri, mais pourquoi me demandes-tu cela?

— Pour rien, pour savoir. »

Sans y plus songer, je m'étais déjà assoupi.

Toujours à Londres.

Pourquoi ma mère avait-elle menti? Par ordre du docteur ou par crainte d'ébranler ma sensibilité aiguë de malade.

Lady Mordaunt était bien morte, morte de chagrin et de langueur, morte folle de la perte de sa fille dont nulle recherche n'avait pu retrouver la trace, morte dans ce mystérieux pavillon de Sonyeuse, où la petite Hélène n'avait jamais reparu.

Les cloches, dont les lointaines sonneries avaient occupé toute une matinée de ma convalescence, pleuraient bien sur ses funérailles, c'était bien à son enterrement que se rendait mon père en quête de gants noirs.

A peine rétabli, ma mère alla d'elle-même au-devant du pieux mensonge échafaudé pour ménager ma nervosité d'enfant précoce et ma trop chaude imagination.

Comme à ma première sortie à pied je balbutiais le nom de Sonyeuse, ma mère, ajustant son châle sur ses épaules et les brides de son chapeau sous son menton, prenait pour la première fois mon bras de petit garçon et, tout fier de cet honneur qui me grandissait d'une nouvelle importance, m'emmenait sans mot dire dans la direction de l'Abbaye et du quartier des Vieux-Hôtels et des couvents; mais, au moment d'enfiler la rue Viorne, elle tournait brusquement à gauche, prenait la rue des Capucins et la rue de Saulnes que termine la grille en fer forgé du cimetière de S..., si délicatement ajourée entre ses piliers rongés de lierre.

— « Mais nous allons au cimetière. »

Ma mère se contentait de s'appuyer silencieusement sur mon bras; nous marchions parmi les tombes maintenant.

Presque gai, ce petit cimetière de S..., entre ses quatre murs nus dévallant en pente douce au-dessus de la ville, au penchant d'un coteau cultivé, oui, presque gai avec la tache blanche de ses tombes ensoleillées, aux sentiers étoilés de pervenches et, dans l'air bleu haché par les baguettes encore sans feuilles des peupliers et des saules, l'odeur d'amande des épines en fleurs : à gauche les clochers et les toits de S... encaissés dans un pli de colline, à droite la déchirure des falaises et la soie légèrement plissée de la mer.

Ma mère m'entraînait toujours par le calme cimetière : hors deux ouvriers occupés à creuser une fosse, il n'y avait ce jour-là personne dans la nécropole chauffée par un beau soleil d'une heure : après une pause devant la grille de mes grands parents, nous remontions la grande allée et là vers le haut, dans la partie affectée aux sépultures des pauvres et des étrangers (chaque famille à S.., comme dans toutes les villes de province, a son caveau et sa concession) nous nous arrêtions devant une grande pierre tombale, encore toute neuve et comme posée de la veille sur une terre fraîchement remuée.

Une grille dorée courait autour de cette tombe en ornementations ouvragées et légères ; accrochées à cette grille, d'énormes couronnes de verdure et de mousse pourrissaient. Ces couronnes ne devaient pas avoir plus d'un mois, car des moisissures, qui avaient dû être des fleurs naturelles, s'y écrasaient entre de larges nœuds de moire mauve et de crêpe ; l'une de ces couronnes éventrée avait laissé couler sur la pierre une traînée de détritus, camélias et bouquets de violettes flétris.

Du bout de son ombrelle ma mère écartait ces vieux lambeaux d'offrande et l'épitaphe apparaissait :

CI-GIT HÉLÈNE
Née en janvier 1812 a Édimbourg, Écosse
morte en avril 1840 a S.., France

Et c'était tout.

— Lady Mordaunt, me disait alors lentement, solennellement, ma mère, le bout de son ombrelle toujours appuyé sur le *ci-gît Hélène*, ou plutôt celle qui s'appelait ici lady Mordaunt... Elle n'avait pas trente ans ! »

J'étais resté stupéfait avec au coin des yeux l'humidité montante de grosses larmes : mes pressentiments ne m'avaient donc pas trompé, ces pressentiments dont avaient voulu se jouer les autres ; cette tombe et ces détritus de fleurs, c'était tout ce qui restait ici-bas de cette exquise et délicieuse étrangère, de l'adorable et triste hôtesse de Sonyeuse, de cette belle lady Mordaunt.

Maintenant ma mère m'emmenait vite, à petits pas, comme si elle avait hâte de m'arracher à ces souvenirs, de me reprendre.

« Nous avons dû te cacher la vérité, mon enfant, dépêchait-elle comme une leçon apprise à mon oreille, le docteur l'avait ordonné : cette affreuse aventure surexcitait tes nerfs, t'avait déjà rendu malade ; c'était pour nous un sujet de continuelles inquiétudes, et un réel danger pour toi. Aujourd'hui que tu es guéri, je te dois la vérité.

« Lady Mordaunt est morte, il y a un mois, d'un transport au cerveau, la raison complètement égarée, folle de chagrin de la perte de son enfant ; la petite Hélène n'a jamais reparu.

« Le marquis de Sonyeuse est venu de Rouen conduire le deuil de lady Mordaunt. Comme tous les hommes de la société de la ville, ton père a cru devoir suivre ici le convoi de cette malheureuse jeune femme ; lord Mordaunt, ou du moins celui qui se donnait ce nom, a quitté la ville dans la huitaine, et, (après un long silence), Sonyeuse est à vendre. Il n'y a rien de plus.

— « Et l'on croit, maman ?

— « Lord et Lady Mordaunt n'étaient point mari et femme, ils cachaient ici une liaison coupable, l'Anglais de Sonyeuse avait enlevé cette femme à son mari. Ce mari s'est vengé en reprenant l'enfant, et la mère, lady Mordaunt, en est morte. Dieu punit l'adultère, il pèse une malédiction sur les unions que la religion n'a pas bénies. »

Ma mère devait à mes quinze ans la morale de l'histoire.

Sonyeuse était à vendre. Il n'y avait rien de plus.

Si, il y avait quelque chose de plus, mais je ne l'ai su que beaucoup plus tard, trente ans jour pour jour après le dénouement tragique de cette histoire, quand, dans les travaux de remblai du cimetière et lors de l'exhumation et de la translation des morts, on fut contraint de violer et d'ouvrir la bière de lady Mordaunt. Trouvaille affreuse, un squelette de femme habitait bien ce cercueil, mais un squelette décapité, une armature sans tête aux ossements blanchis qui à peine mis au contact de l'air, devinrent poussière et tombèrent en cendre.

Quelle main sacrilège avait osé mutiler ce cadavre et reprendre à la tombe cette belle tête expressive et si pâle dans l'or fluide et lourd de ses cheveux ?

De leur vivant ces beaux yeux douloureux d'un bleu noir et limpide, ces deux larges prunelles égarées, comme hagardes, fixaient-ils déjà d'un regard visionnaire l'horrible mutilation que cette adorable tête devait subir après la mort ?

Dans le pays tous ceux qui se rappelaient avoir connu lord et lady Mordaunt, ne mirent pas une seule minute en doute que le corps n'eût été mis en bière, décapité. Le visage sinistre et passionné, le regard d'onyx, aigu et froid, qu'étaient lord Archibald Mordaunt, autorisaient toutes les hypothèses. — « Cet homme me fait peur, disait souvent ma mère. » Je comprenais maintenant le mystère épaissi à plaisir autour de cette histoire et je partageais sa peureuse aversion.

Le seul possible auteur d'un pareil attentat ne pouvait être que cette figure passionnée et sombre, dont la silhouette seule justifiait tous les soupçons.

Mais qu'avait-il pu faire de cette misérable tête décollée de martyre! dans une folie d'amour exaspéré, survivant au-delà de la tombe, l'avait-il arrachée à ce pauvre cadavre pour la faire embaumer, pour fixer à jamais dans les baumes et les onguents le visage charmant d'un être idolâtré?

Au fond de quel comté des Trois-Royaumes, dans quel pavillon isolé de vieux parc seigneurial passait-il aujourd'hui ses dolentes journées à peigner les cheveux d'une tête de momie? Dans quelle pièce obscure, à volets clos, et meublée avec un goût suggestif et bizarre baisait-il aujourd'hui, déjà vieux et cassé, les paupières recuites et les lèvres durcies d'un visage de morte macéré dans les fards!

Cette horrible vision m'a bien souvent éveillé la

nuit en sursaut, et l'autre, la svelte, la blonde et charmante jeune femme, si mélancolique et si tendre, cette anonyme lady Mordaunt, dont la beauté avait révolutionné mon enfance et l'opinion de toute une petite ville, une tombe, sans même un nom... Hélène, rien que *Ci-gît Hélène*, un cercueil pourrissant en terre étrangère, sans amis, sans parents, parmi les inconnus et, dans cette bière pas même un cadavre intact, un squelette déshonoré, décapité et sa tête ailleurs, on ne sait où, voyageant peut-être à travers le monde dans la valise à secret d'un touriste monomane.

Maintenant que j'ai remué d'une main lasse et bien plus attristée la poussière encore moite de sang de cette histoire mélancolique, peut-être comprendra-t-on pourquoi Sonyeuse est encore à vendre, à vendre après trente ans révolus sur ce drame, pourquoi depuis je n'ai jamais voulu franchir la grille du grand parc endormi dans ses frondaisons noires.

J'aurais peur d'entendre des pas y résonner en appel sur mes pas, peur d'éveiller l'écho et les voix du passé.

DANS UN BOUDOIR

(SOIRS DE PROVINCE)

DANS UN BOUDOIR

~~~~~~

A Monsieur Edmond de Goncourt.

En rentrant à Paris fais-moi le plaisir de t'arrêter une heure à la station d'Avranches et d'y aller serrer la main à mon vieil ami Boismesnil, me disait ma dernière lettre chargée, reçue de Paris à Valognes.

J'avais beaucoup entendu parler dans mon enfance de l'ami Boismesnil, ce vieux boscot de Boismenil, « car il a une fameuse bosse, l'ami Mesnil, » s'esclaffait toujours mon père, dont les yeux s'allumaient alors à la fois joyeux et attendris. Ce n'était donc pas précisément ni un jeune homme ni un grenadier de la garde que je m'attendais à trouver au 13 de la rue des Venelles, quand je m'y présentai le 14 mai 18.., demandant à voir le docteur Boismesnil.

Mais ce que je ne m'attendais pas à rencontrer

derrière le grand mur qui forme le côté droit de la rue des Venelles, à Avranches, comme un autre moins grand mur en forme tout le côté gauche (un singulier couloir d'ailleurs que cette rue des Venelles, dont le corps de logis, où je fus introduit, un grand bâtiment sans fenêtres sur la rue à la porte abritée sous un auvent d'ardoises, est l'unique maison apparente du moins); non, certes, ce que je ne m'attendais pas à trouver dans cette étrange et aveugle demeure, c'est l'attendrissante et navrante aventure d'amour, comme embaumée de regrets, de respect et de larmes, que j'entendis une heure après raconter tout au long au bras de mon nouvel et très bon vieil ami.

Car nous fûmes bons amis et tout de suite, quoique je ne ressemblasse pas tant à mon père. « Ce cher Hector, oh! cela, pas du tout, s'écria-t-il avec un désappointement très touchant et très comique, presque en colère de me trouver ainsi, le pauvre homme, les bras croisés sur sa poitrine étroite de petit vieux mécontent et rageur. Aussi ne m'aurait-il jamais reconnu... ce qui, en admettant une ressemblance qui m'était refusée, hélas!

me semblait au moins difficile, puisque nous nous voyions pour le première fois... Mais il se sentait prêt à m'aimer quand même vu que j'étais un si bon enfant... comme Hector. Aussi il ne voulait pas me voir une minute de plus dans ce diable de cabinet de consultations, où il y avait embusquées, tapies dans tous les coins, dans les rideaux, sous les meubles, un tas de maladies d'anciens clients guéris, toutes prêtes, les garces qu'elles sont, à sauter à la gorge du pauvre monde, et cela à la seule fin de ne jamais laisser les médecins sans malades, un truc à eux, les charlatans, et bien connu de lui, docteur. « Aussi venez, venez. » Et m'empoignant le bras, trottinant et heurtant sa canne à tous les meubles, il se hâta de m'emmener bien vite hors de son cabinet; lequel était fort beau, ma foi, avec son vieux bureau-secrétaire à cylindre aux cuivres magnifiques, son buste d'Esculape en marbre sanguin et ses deux hautes armoires en bois de rose, se renflant en demi-cintre, chacune au coin de la cheminée : l'armoire aux friandises et l'armoire aux dragées des gourmandes aïeules du siècle évanoui... Nous voici

donc, marchant bras dessus, bras dessous, dans
le jardin de mon nouvel ami... Un peu maniaque,
un peu hurluberlu même, l'ami Mesnil; mais un
toqué, non pas : un grand bon sens au contraire,
et une grande délicatesse, qualité rare de nos
jours... avec cela le meilleur cœur, et puis un si
beau jardin que lui, boscot, je ne le vois même
plus.

J'ai oublié sa bosse et ses petits yeux ronds,
éraillés, sans sourcils et sans cils, sa perruque
acajou, sa bouche usée, sans lèvres, et, promenant
à mon bras cette petite pomme de reinette ridée,
qui me vient à l'épaule et qui est le docteur Boismesnil, je ne vois plus que son grand, son beau jardin à la française avec ses allées droites, ses deux
rangs de charmilles, ses rosiers hauts de tige, ses
plates-bandes de giroflées encadrées de buis, et
tout au fond sous les tilleuls en boulingrin de
sa terrasse une double file de belles urnes
Louis XVI, enguirlandées de thyrses et de
masques de la comédie : urnes processionnant
sur un terre-plein surélevé de dix marches, d'où
le regard domine toute la ville. Avec Avranches

au fond, dont on voit les clochers et les toits se détachant sur le ciel bleu pommelé d'une tiède journée de mai, c'est enchanteur et d'un charme si prenant de calme et de silence que, malgré moi, je m'arrête troublé, d'une soudaine angoisse, de la crainte de voir tout cela s'en aller, disparaître, comme au théâtre s'enlève un décor.

Mais le décor ne s'en va pas, il est solide, il reste... Nous nous promenons maintenant dans une autre allée ombragée de vieux ormes, contre un grand mur tapissé de glycines, aux longues grappes mauve-pâle, d'une nuance comme endolorie : à droite, à gauche, des souvenirs de la Malmaison, des roses jaunes, très haut montées sur tige, nous effleurent la joue de leur soie qui embaume... et le petit docteur, bavard comme une pie, la face allumée, va, dévidant ses questions, ses demandes, jacassant, jabotant, embrouillant les réponses. « Et comment va ce grand flandrin d'Athys? Mais il est mort. Vous ne l'avez pas connu. C'était un bon ami à nous deux votre père. Ce grand Hector, ce qu'il a été beau. Non, vous ne lui resssmblez pas, quel dommage... vous ne l'avez pas vu.

« Et madame d'Estreux, la jolie créature, et ce fat de Barnève. »

Et c'est tout un interrogatoire, fait tout de réticences et de réminiscences sur des noms inconnus qui ne sont rien pour moi, et qui sont le passé de cet homme et de mon père, leurs jeunesses et leurs amours ; car, s'il faut en croire les récits du docteur, mon père a jadis obtenu près des femmes de son temps tous les succès que son fils n'a pas connus auprès de celles du nôtre.

Enfin le docteur commence à s'occuper de moi, il daigne s'informer de ce que je fais ou compte faire dans la vie... Quand il apprend que je suis journaliste, sa perruque acajou a un beau soubresaut d'indignation tragique. « Journaliste, jour de Dieu!... le fils d'Hector, journaliste. Thénice, qui l'eût crû ! »

Néanmoins quand il sait que je ne m'occupe pas de politique, la perruque acajou consent à se calmer. Mais c'est égal ; ce n'est pas le métier qu'il eût choisi pour le fils d'Hector... et ses hochements de tête m'en disent assez long. Non, décidément, je n'ai rien de mon père. Cependant l'admiration sincère que m'inspire son merveilleux jardin commence à l'attendrir, et quand je lui confie que son jardin, je le décrirai dans une de mes nouvelles, dans une de mes *historiettes d'amour*, comme il le dit dans son jargon-romance dont j'enrage en secret et dont lui ne veut pas démordre, ses petits yeux ronds se fixent sur moi tout humides, et, me prenant la main :

« Après tout, vous êtes peut-être un bon jeune homme. Il n'y a pas que les canailles qui écrivent dans les feuilles; puis vous m'avez séduit, mon jardin vous a plu. Venez, venez avec moi, je veux vous montrer quelque chose qui, j'en suis sûr, vous plaira davantage. »

Ce quelque chose, qui devait me plaire davantage, demanda beaucoup de temps avant de m'être montré; car il fallait aller chercher je ne sais où, au premier étage, où j'entendis d'en bas remuer un tas de meubles, d'abord un trousseau de clefs : ces clefs, il fallut les essayer une à une à la grande porte d'un appartement du rez-de-chaussée, porte gonflée d'humidité, qui ne s'ouvrit qu'après de longs efforts. Après la porte, il fallut en faire autant aux fenêtres et aux persiennes récalcitrantes, et je vis enfin ce qui devait me plaire davantage et qui, en effet, me plut infiniment.

Tout en boiseries blanches avec de minces filets verts d'eau et or, c'était un adorable petit salon Empire en rotonde, à trois fenêtres; et ce qui lui donnait, dès le premier aspect, un grand air de luxe et d'élégance, au plafond en dôme, tout en hauteur... Les trois fenêtres aux rideaux de mousseline blanche et traînant jusqu'à terre, l'embrasse en satin jaune et retenue au mur par une tête de sphinx, s'ouvraient de plein-pied sur un perron Louis XVI, à la rampe en fer, conduisant au jardin... Les meubles en bois doré, de ce style roide et pourtant gracieux, qui tient moins aux beaux temps de l'Empire qu'aux dernières années du Consulat, étaient couverts d'un vieux satin vert pâle à rayures d'argent. Sur la cheminée étroite, en marbre blanc et franchement Empire, triomphait un grand vase de Sèvres, en pâte tendre, tout blanc, en forme d'urne grecque à colombes et à guirlandes du modèle de ceux qu'aimait tant Joséphine dans sa r traite de la Malmaison. Sur les consoles, entre les trois fenêtres, deux bronzes néo-grecs, deux Cupidons enfants... : l'Amour captif et l'Amour qui danse, la seule tache un peu sombre dans ce boudoir exquis de petite maîtresse en l'an VIII ou IX, modelé traits pour traits sur celui d'une Impératrice, et conservé jusqu'à nos jours dans une intégrité si parfaite, que la harpe à têtes de lions était encore là, entre le guéridon et l'étroit clavecin, lui d'un siècle plus vieux, au vernis écaillé, tout maquillé de roses et de frêles guirlandes, comme enfoui sous les fleurs...

Avec le jardin et les hautes charmilles, vues par les trois fenêtres, ce jeune et frais boudoir de quatre-vingt-trois ans avait une heure, un jour : il vivait de la veille et cela était vrai, car il n'avait ni glace ni pendule, pas un miroir, pas un cartel au mur, rien qui pût rappeler ou l'heure qui s'envole ou la beauté qui fuit.

J'étais sous le charme, profondément ému de cette émotion délicieuse et pensive que donnent dans la vie les rares choses exquises... Cette émotion, le docteur la devina, car s'étant campé devant moi, ses deux mains appuyées sur sa canne à béquille, et hochant mélancoliquement la tête :

« Et que serait-ce, jeune homme, me dit-il d'une voix lente, si vous aviez vu comme je l'ai vue, moi, dans son cadre, au milieu des fleurs vivantes et des bibelots de la veille, l'adorable femme qui présidait à ce boudoir... Une nymphe... blonde, comme on ne l'est plus, et jolie...! Une nymphe vous dis-je, et les épaules froides, tombantes, comme azurées par le bleu de ses veines, les épaules de la Psyché, et la nuque et l'attache du cou!... et le bras, et tout, et tout, et tout, un vrai Prud'hon.

Je l'ai beaucoup aimée, mais elle n'en a jamais rien su, rassurez-vous.

Je l'aimais trop pour la rendre à ce point ridicule, car j'ai toujours été laid, mais laid, atrocement laid, d'une laideur irrémédiable de grotesque et de savant, qui m'a toujours défendu de l'amour... de celui qu'on inspire et qu'on partage... Moi, je n'ai jamais eu que des maritornes, et les rares fois où une jolie fille bien pauvre a bien voulu pour une nuit de mon pauvre corps, mes amis et le bel Hector votre père me l'ont toujours prise le lendemain, et j'ai toujours approuvé mes amis et votre père... car, franchement, étais-je bâti pour l'amour ?

Mme Lafond (car elle s'appelait Mme Lafond) a été peut-être la seule femme qui n'ait pas raillé ma laideur. Je n'étais alors qu'un bien maigre sire, un petit étudiant en médecine, venant passer ici ses vacances en famille, qu'elle était la belle Mme Lafond de la Recette Générale, la beauté citée de la province, l'élégante d'Avranches et du département... Elle avait vingt-huit ans, que j'en avais dix-neuf à peine, et pas plus de poil au menton qu'aujourd'hui. Je la voyais aux bals de la Recette, où j'étais invité en ma qualité de fils de mon père, qui était le médecin de la maison, et lointain, perdu dans la foule de ses plus obscurs adorateurs, j'étais

Le ver de terre amoureux d'une étoile.

qu'a dit plus tard cette canaille de grand poète de Victor Hugo, qui, j'en suis sûr, est aussi votre idole, à vous, jeune homme, et vous avez bien raison, car il faut idoler quelque chose ici-bas. Je ne la voyais donc que rarement, aux trois bals de la Recette, où je venais exprès de Paris à Avranches par la guimbarde (et les voyages étaient alors coûteux et difficiles) et cela pour la regarder danser aux bras des autres, et peut-être un peu pour la visite que je lui rendais le surlendemain... Cette visite, j'y songeais quatre mois d'avance... et pourtant, de quelles épreintes au cœur n'étais-je pas bouleversé dès le seuil de ce boudoir. Oui... et cependant... avec quelle grâce et quelle aménité elle me recevait, elle, la divine et la plus belle... elle ne paraissait pas se douter de ma laideur.

Ah! mon ami, qui n'a pas vu les femmes dans l'adorable et merveilleux costume de cette époque, costume qu'il est convenu de trouver grotesque aujourd'hui et auquel on reviendra, soyez-en sûr, qui n'a pas vu cela, ne connaît pas la beauté féminine. Les laides y étaient terribles, il est vrai, mais les jolies... c'était la nudité dans la décence et la décence dans la simplicité. Il fallait voir Mme Lafond dans l'un de ces étroits fourreaux de satin blanc ou de tulle rose, sa gorge admirable remontée sous les bras, comme offerte au baiser, par la mince ceinture en argent, les hanches accusées par la robe aux mille plis plaquant sur les reins et la rondeur des jambes... et l'effet du cothurne aux triples bandelettes sur le clair bas de soie, transparent et si fin, que la chair enivrante enivrait au travers!... Cette perle de volupté et de grâce, dans quelles affreuses circonstances je l'ai connue plus tard.

Belle comme une Muse et plus entourée d'hommages qu'il n'en eût fallu pour perdre une autre femme, Mme Lafond était irréprochable... irréprochable par ces temps de mœurs faciles et de débordements, qu'étaient les dernières années de l'Empire... Elle aimait d'un solide et calme amour d'honnête femme ce butor de Lafond, un beau gars normand, sanguin et blond, bâti comme un hercule, ancien familier de l'Empereur et qui, lui, la trompait sans vergogne, menant la grande vie des chevaux, des soupers, du jeu et des filles : assurément fier de promener dans les réceptions officielles la jolie créature qu'était alors sa femme et la désirant parfois encore ; mais, de là, retournant à son vice, à ses folies, à ses maîtresses... Elle, isolée, se sentant moins aimée, en avait pris dans les dernières années de son mariage comme une teinte de mélancolie. Car je l'ai surprise souvent ici, où je venais maintenant en médecin (mon père était mort) dans l'attitude abandonnée et pensive d'une femme que la vie a trompée et qui, déjà mûrie avant le temps, se sent lasse de tout ; mais sa fierté ne descendit jamais à une confidence, même à une plainte. C'est alors qu'éclatait la grande catastrophe de sa vie.

Lafond avait contracté dans je ne sais quelle nuit de débauche, au cours de ses mille et trois liaisons, une de ces horribles maladies, qu'on cache d'autant plus qu'elles ne pardonnent pas... Par une pudeur inexplicable chez un tel homme, au lieu de s'en ouvrir à moi, il alla consulter à Paris je ne sais quel empirique, qui lui ôta momentanément son mal, ou plutôt la souffrance du mal. Lafond le crut du moins ; de là il retourna à ses plaisirs, à sa folle existence.

Avec un sang brûlé comme le sien et par l'alcool et la débauche, son état empira vite, et quand il m'appela auprès de lui, le médecin n'avait plus rien à faire. Son gosier, sa langue et son palais n'étaient plus qu'une plaie, une ulcération affreuse et purulente et d'une odeur si infecte que son haleine seule faisait frémir. Au reste, il se savait perdu... Il me faisait jurer de ne jamais révéler à sa femme l'origine et la nature de son mal; puis, prenant congé de moi, il passait dans son cabinet. On l'y trouvait le lendemain sanglant, la tête fracassée; le misérable s'était fait justice en se brûlant la cervelle.

Cette mort, nul ne la regretta, si ce n'est Mme Lafond; car c'était un homme souillé de tous les vices et dénué des qualités de charme et de séduction, qui font souvent qu'on les pardonne. Mais où je mesurais toute son infamie et le machiavélisme du serment exigé par lui, c'est quand, appelé un mois après auprès de Mme Lafond souffrante, je découvris en elle les germes de l'ignoble maladie du mari. Le misérable, se sachant empoisonné, malade, avait eu la lâcheté de posséder sa femme. Comme chez lui, c'était la gorge, le palais, la bouche, la grâce même du visage qui étaient attaqués dans cette adorable créature, attaqués, déshonorés, marqués. Je sauvai Mme Lafond, elle ne connut jamais la nature et l'origine du mal qui l'avait frappée; mais elle resta défigurée.

Le nez, les lèvres avaient disparu comme brûlés au fer rouge, rongés dans ce visage de Psyché.. Le regard seul demeura beau dans ses yeux sans sourcils et sans cils, et, chose affreuse, cette blonde à la chevelure d'or en fusion s'éveilla chauve... C'est au milieu de ce désastre qu'un vieil ami de sa famille et qui, comme moi, avait appris à l'adorer et à la connaître, put lui éviter le second coup dont allait la frapper la fortune. Mme Lafond allait se lever de son lit de souffrances, non seulement défigurée, mais ruinée.

Perdu de dettes, ne pouvant suffire à ses mille folies, Lafond avait contracté des emprunts. Cet homme avait hypothéqué l'hôtel de la Recette, la propriété de sa femme, et Mme Lafond allait être chassée de cette demeure, où elle avait été riche et belle, où elle s'éveillait dépouillée, sans asile et hideuse par le fait de son mari. L'ami dont je vous ai parlé put lui éviter cette honte.

A l'insu de Mᵐᵉ Lafond, qui devait ignorer tout, il acheta toutes les créances. Mᵐᵉ Lafond était à l'abri du besoin. Cet hôtel, autrefois embelli par ses soins, le théâtre autrefois de ses triomphes, elle y vécut désormais isolée, ne recevant personne, cachée à tous les yeux, dérobant aux regards ce visage, qui avait été l'admiration et la folie de toute une génération d'hommes, et qui n'était plus maintenant qu'un objet douloureux d'horreur et de pitié. Je fus avec l'ami en question le seul être humain qui franchit désormais le seuil de cette demeure. N'étais-je pas l'ami de son mari, et n'étais-je pas un peu son médecin à elle ?

Par un singulier caprice, fidélité à l'homme qui l'avait trompée, attachement secret au temps qui l'avait vue jolie, cette fervente de sa beauté conserva toujours les modes et le costume de l'époque où elle avait été la belle Mᵐᵉ Lafond, les modes de 1842.

Et c'était navrant, je vous jure, de voir cette

belle et svelte créature, qui garda jusqu'aux derniers jours et la taille et la gorge et les bras de ses vingt ans, promener par les salons déserts de la Recette, les écharpes de gaze et les fourreaux collants d'un autre âge, terrible et mystérieuse comme une statue mutilée, avec sa tête enveloppée d'un éternel tulle noir, — ce tulle noir, il ne la quitta plus, impénétrable comme un masque, sombre et troublant comme une énigme, voilant de deuil et de mystère ce visage de stigmatisée, ayant conscience de son malheur. Cloîtrée dans sa laideur, elle avait pris le voile. Sa pièce préférée était ce petit salon.

Une main amie en avait ôté, comme de toute la maison, les miroirs et les glaces, même jusqu'aux pendules, tout ce qui eût pu rappeler à cette suppliciée et le temps de splendeurs et le temps d'une beauté qui pour elle n'étaient plus.

Parfois, dans les jours d'été, elle prenait mon bras, et, toujours voilée, allait jusqu'au boulingrin, dans le fond du jardin et de là, sur la terrasse, elle regardait très longuement cette ville d'Avranches, où elle avait été reine et qui ne la connaissait plus. Mais ses promenades étaient rares et dans les derniers temps de sa vie elle ne descendait même plus au jardin. Elle vivait là entre son clavecin toujours fermé car elle avait perdu sa voix en perdant sa beauté et sa harpe désormais muette ; mélancolique, silencieuse et voilée, toute à un passé qui était sa vie, sa vie gâchée, tronquée, trahie...

Mme Lafond est morte à quarante-huit ans, emportant le secret de sa triste existence, fidèle à son amour qui avait été sa perte, ignorante...

— Du vôtre, m'écriai-je malgré moi.

— Eh bien, oui, du mien, qui, lui, l'avait sauvée ; car vous l'avez deviné, disait-il en retirant sa main que j'avais saisie nerveusement dans les miennes, emporté dans un élan vers cet obscur et sublime petit vieillard, le vieil ami des hypothèques. Eh ! oui, c'est moi ! (Et comme j'avais les yeux remplis de larmes)... Eh quoi ! n'en auriez-vous pas fait autant à ma place ! reprenait simplement le bonhomme, je l'aimais... Au reste, Mme Lafond a reconnu mes soins et mon affection : dans son testament elle m'a légué cet hôtel et le beau jardin que vous admiriez tout à l'heure, les dépendances et cette maison.

— Qui était la vôtre, interrompais-je avec violence. « Qui était la sienne... m'était-il répondu, puisqu'il m'avait été permis de la lui conserver. Mais voici cinq heures qui sonnent, vous allez manquer votre train, et mon ami Hector ne vous le pardonnerait pas, faisait-il en prêtant l'oreille à une vague sonnerie, apportée jusqu'à nous de la ville lointaine par-dessus les charmilles et les tilleuls légers de ce jardin de mai, allons, partons, allons-nous-en. »

Mais une curiosité me restait, et sur le seuil de ce petit salon, triste et joli comme un amour embaumé : « Vous devez bien avoir quelque portrait d'elle, une miniature, que sais-je, un médaillon ! osais-je lui souffler à voix basse, je voudrais bien la voir, pour l'aimer, moi aussi ! » Mais lui, devenu subitement tout pâle : « Aucun de ses portraits *n'était elle*, je les ai tous brûlés », dit-il avec la tristesse d'un homme que tous les événements de la vie ont raillé et trahi. Et il me mit brusquement à la porte, tout à coup renfrogné, avec la précipitation jalouse d'un avare qui en a trop dit.

LA CHAMBRE CLOSE

(SOIRS DE PROVINCE)

LA CHAMBRE CLOSE

~~~~~~

L'hostilité de certains logis et de certaines chambres de province, leur air mortuaire et fermé, jamais je ne l'avais si profondément ressentie que cette triste et pluvieuse matinée d'octobre quand la porte de la haute pièce, où le valet de ferme venait de déposer ma valise, presque silencieusement d'elle-même se referma.

Qu'étais-je venu faire par cet automne malade dans ce pavillon perdu dans les bois, et moi qui suis le plus piètre chasseur du monde et qui joins à une instinctive indolence une horreur presque physique des armes à feu, quelle malsaine idée m'avait pris de venir suivre ici les battues en forêt du marquis de Hauthère et de quitter Paris, le boulevard et le journal pour m'enterrer vivant dans ces mornes futaies, à la veille de *Cléopâtre* et de la grande rentrée de Réjane dans la pièce de Meilhac.

Quitte à paraître fou, ma conviction est qu'en venant m'échouer presque involontairement dans cette forêt délabrée par l'automne et si étrangement solitaire, je fus l'instrument d'une volonté inconnue, plus puissante que la mienne et que je jouais là inconsciemment un rôle dans un drame d'Au delà!

Qui pouvait avoir autrefois habité ce vieux pavillon Louis XIII, à la haute toiture d'ardoises guillochée de lucarnes, et si tristement isolé au bord de cette mare encombrée de feuilles mortes, au plus profond de ces grands bois?

Il appartenait depuis des siècles à la famille de Hauthère, et le père du marquis actuel l'avait transformé en maison de garde ; au moment des chasses on y logeait les invités, qui n'avaient pu trouver place au château.

Ça avait été mon cas; dès mon arrivée en gare, une carriole de ferme m'avait cueilli, moi, ma valise et mon inévitable nécessaire, et par les cépées humides m'avait emmené, tout secoué des cahots des ornières, dans le morne carrefour, mi-prairie, mi-clairière, où s'élevait le pavillon des Bois.

La maison du garde des marquis de Hauthère, son air étrange de détresse et de mystère au bord de cette eau morte, au milieu de ce pré de foin et d'herbes folles pourrissant sous la pluie, et les hautes girouettes de son toit criant au vent d'octobre dans le silence épais, le silence complice des futaies assoupies comme ouatées de brume, sans échos et sans voix.

Dès mon entrée dans le haut vestibule, dallé de blanc et noir, l'impression que je pénétrais dans un drame inconnu s'accentua : la chambre qu'on m'avait assignée était située au premier étage et deux grandes fenêtres, drapées de longs rideaux d'antique soie déteinte, la faisaient vaste et claire au milieu de la tristesse de ce ciel noyé d'eau et de cette forêt morne ; et pourtant instinctivement, en passant le seuil, j'avais étouffé mon pas, comme en entrant dans la chambre d'un malade : il y flottait encore comme une odeur d'éther, de vieil éther ranci et partout, dans le lampas fané des rideaux de jadis, sur les fauteuils d'un luxe âgé et froid, sur le baldaquin du lit et le marbre poli d'une vieille console, la poussière, neige noire des défuntes années, semblait n'avoir jamais été dérangée depuis de bien longs mois.

Chambre étrange : ont eût dit qu'elle avait un secret
D'une chose très triste, et dont elle était lasse
D'avoir vu le mystère en fuite dans la glace...

Ces vers exquis de Rodenbach me sont depuis revenus à la mémoire à propos de cette chambre effectivement étrange et qui, certes, avait, elle aussi, un secret, un secret et un regret enfouis dans l'autrefois de sa mélancolie, solitude et silence; ce grand silence hostile que dérangeait aujourd'hui ma venue d'invité dans ces bois.

Impression de courte durée, d'ailleurs: on m'attendait à déjeuner au château !

Comment, après une journée passée à battre les taillis et une curée de dix-sept chevreuils inscrits au tableau, l'esprit égayé par l'heureuse diversion d'un dîner de vingt-deux couverts dans le hall de chasse de Hauthère, le sang ragaillardi par les crus haut cotés d'une cave fameuse et la pensée à cent lieues des pénibles impressions du matin, me réveillai-je à minuit dans ma chambre de la maison de garde, la nuque moite de sueur et le cœur étreint par le plus indicible malaise!

Froid du frisson de la petite mort, je me dressai sur mon séant; on avait négligé de fermer les rideaux des deux fenêtres placées au pied de mon lit et, dans la chambre agrandie de silence, le clair de lune entré par les carreaux donnait mollement sur le parquet; au ciel houleux comme une mer, la bataille des nuages chassés par le vent d'ouest et contre les vitres le pianotement de la pluie automnale, de la monotone pluie...; tout à coup, dans la chambre voisine, un vieil air de gavotte chanta; un air de clavecin si dolent et si pâle qu'on l'eût dit éveillé sous d'invisibles mains; quelqu'un était là, dans la pièce à côté, derrière la cloison, cela était certain, et maintenant dans le silence et dans la nuit de la maison déserte, la musique d'abord tâtonnante se dégageait en rythmes nuancés et précis, musique d'antan, lentement exhumée, ariette, ou chaconne, aux grâces minaudières et fluettes, vieil air fardé de l'autre siècle:

Et qu'on croirait appris aux lèvres des portraits.

Mais j'étais bien, cette nuit-là, aux réminiscences des poètes : tout à ma terreur grandissante, j'écoutais, dressé sur mes deux points crispés dans l'oreiller, et la sueur aux épaules avec l'angoisse atroce que quelqu'un allait entrer, quelque être de l'inconnu, qui rôdait à côté et dont les deux mains d'ombre s'attardaient en ce moment à un clavecin oublié dans la pièce voisine ; et prêt à défaillir, je sentais mon cœur flotter dans ma poitrine et mes yeux agrandis par la peur devenir somnambules, quand un grand souffle effleura mon visage et, à travers la soie de mes rideaux de lit étrangement froissés, une plainte, une voix d'âme pleura dans mes cheveux du coup hérissés droit.

« Emmenez-moi. Emmenez moi. »

La voix prononça la phrase par deux fois : fou d'horreur, j'avais bondi tout nu au milieu de la chambre ; alors j'entendis, oh ! très distinctement, le bruit d'une fuite de pas sur le parquet, le claquement d'une porte qu'on referme, le cri d'une clef tournant dans une serrure, et ce fut tout ; le clavecin à côté s'était tu et, dans ma chambre éclairée par la lune, les rideaux de fenêtre, d'un rose glacé, tombaient droits, sans un pli... Dehors la pluie avait cessé et, sur le ciel nocturne d'un gris laiteux et pâle, trois grands hêtres poussés près de la maison du garde balançaient leurs cimes bruissantes au vent frais de la nuit.

Le sang-froid m'était revenu ; le revolver au poing, j'allai droit à la porte de communication de la chambre voisine ; j'essayai vainement de l'ouvrir ; elle était fermée à double tour et résista à tout effort ; j'allai alors à celle du corridor, la clef que j'avais mise moi-même en dedans n'était plus sur la serrure et là je tentai, aussi, mais vainement, d'ouvrir : j'étais enfermé, la chambre était close.

Fiévreusement, j'allumai une bougie, passai un pantalon, un veston, enfilai des pantoufles et, ayant barricadé les deux portes, l'une d'une commode traînée au travers, l'autre d'une grande bergère au coussin ramagé de rose et vert pâle, je m'installai dans un fauteuil à la tête de mon lit et, les pieds enroulés dans une couverture, ouvris le dernier livre d'Anatole France, bien décidé à veiller jusqu'à l'aube... et je me réveillai à dix heures du matin, déshabillé et couché dans mon lit; debout, à mon chevet, le garçon de ferme, attaché comme valet de chambre à ma personne dans cette étrange maison de garde, attendait mes ordres respectueusement coi.

— Quelle heure est-il donc? Ce fut là mon premier cri.

— Mais dix heures et demie.

— Dix heures et demie! Alors les autres chassent!

— Oh! depuis sept heures, monsieur peut entendre d'ici les coups de fusil!

— Comment! et vous m'avez laissé dormir.

— Oh! monsieur sommeillait si bien; monsieur avait l'air si fatigué et si heureux de dormir, monsieur était si pâle, ma foi, je n'ai pas osé réveillé monsieur, je l'ai laissé dormir. Voici le chocolat de monsieur.

Et d'un geste gauche le gars me désignait le plateau posé sur ma table de nuit.

Évidemment j'avais rêvé; cependant un doute

restait et, tout en terminant ma toilette, le garçon allant et venant dans ma chambre :

— Et la chambre à côté, essayai-je de dire négligemment et je m'arrêtai, effaré moi-même de la brusque altération de ma voix.

— La chambre d'à côté! ânonnait le garçon.

— Oui, la chambre d'à côté, quelqu'un y couche, y a couché cette nuit?

— La chambre d'à côté, oh! que non, monsieur, personne n'y couche plus ; les portes sont condamnées. Oh! que non, personne n'y couche plus dans la chambre de madame la marquise.

— La chambre de madame la marquise!

— Oui, c'est là qu'est défunte la mère de monsieur le marquis; oh! il y a longtemps de ça; oh! oui, il y a bien une trentaine d'années de ça!

C'est tout ce que je pus tirer de ce garçon. Je le congédiai et une fois seul essayai bien de coller mon œil aux trous des serrures; peine perdue, les persiennes de la chambre voisine devaient être closes ou les portes garnies de tentures : impossible de rien distinguer, ma curiosité se heurta à une muette obscurité de tombe.

La nuit suivante je couchai au château : au déjeuner, où je trouvai le moyen d'arriver en retard, le marquis, en s'informant de la façon dont j'avais passé la nuit dans ce pavillon isolé de la forêt, s'excusa d'avoir été forcé de me donner un si mauvais gîte, mais, ajouta-t-il avec un équivoque sourire, un de mes hôtes est parti ce matin, sa chambre est libre, et François apportera cette après-midi votre bagage ici, vous dormirez au château « cette nuit ».

Et ce fut tout... j'avais sans doute été victime d'une hallucination ; mes nerfs d'imaginatif, impressionnés par l'aspect de détresse et de morne abandon de ce pavillon solitaire, avaient travaillé sur eux-mêmes pendant mon sommeil, et mon cauchemar n'avait été en somme que ce que sont tous les cauchemars, la prolongation douloureuse hors de l'état de veille d'une pénible sensation.

Et pourtant, depuis que je sais que la marquise Simonne-Henriette d'Hauthère, la mère de mon hôte, est morte à vingt-huit ans, quasi-folle, ou du moins la famille l'a prétendu, les uns ont dit séquestrée par la jalousie d'un mari d'un autre âge dans cet isolé et si bizarrement morose pavillon des Bois, je me suis demandé si je n'avais pas, (la vie a des hasards) pénétré malgré moi dans quelque affreux mystère, si je n'avais pas été mêlé, une nuit d'entre mes nuits, à quelque drame d'Au delà!

Et puis... dans le trouble de mes souvenirs d'hier, mais qui déjà m'apparaissent lointains et reculés, oh! si lointains déjà... j'avais oublié de dire... Le matin de ma terrible nuit visionnaire qu'avais-je trouvé, en rôdant par la chambre, sur le marbre poudreux d'une des consoles, une rose, une pâle rose blanche, toute lourde de pluie, aux pétales humides, à longue tige, souple, dépouillée d'épines, dormant dans la poussière et dans la poussière l'empreinte de cinq doigts... Cette fleur et cette empreinte, qui les avait mises là?

ROMANCE D'AUTOMNE

(SOIRS DE PROVINCE)

ROMANCE D'AUTOMNE !

~~~~~~

Pâle voyageur, connais-tu l'amour ?
Comme tout le monde, en rêvant, un jour
Je l'ai rencontré fleuri d'espérance,
Et j'ai pris ma place au sein des élus.
J'avais dans le cœur toutes les croyances
Il m'en a tant pris que je n'en ai plus.

Et la vieille chanson populaire, un air sentimental et pleurard de faubourg, se perdait maintenant avec la ritournelle de l'orgue et dans l'éloignement et dans les bruits de charroi de la route.

C'était le soir : aux pieds des grands ombrages et des hautes futaies étagées de Migneaux et de Villennes, la Seine, une nappe d'eau immobile aux luisances de miroir, allait s'élargissant sous les arches cintrées du vieux pont de Poissy : le paysage, d'une délicatesse de tons infinis dans la lumière transparente et frisante de ce crépuscule d'automne, se détachait, précis et clair, plus clair même que le ciel, sur un horizon d'orage chargé d'ozone, un horizon de bataille où des grosses nuées d'un gris de nacre se teintaient çà et là d'or verdâtre et çà et là saignaient comme crevées sur les bords ; la journée avait été chaude et un même désir de grand air, une même curiosité du coucher de soleil, dans ce vaste et calme paysage, avait réuni, sur la terrasse du bord de l'eau, les invités de sir William Willins : une dizaine de femmes en toilettes claires de dîner, et autant d'hommes en jaquettes du soir, tous tout heureux de vivre et de se retrouver là, corrects et soignés, sentant bon, et le teint frais, avant la sonnerie d'appel de la villa !

> Belle aux cheveux d'or, connais-tu l'amour ?
> Comme tout le monde en rêvant un jour
> Il a dit mon nom avec tant de charmes
> Que j'ai cru tenir l'éternel bonheur.
> Hélas ! j'ai versé depuis tant de larmes,
> Que c'est par les yeux qu'est parti mon cœur.

Et maintenant que la mélopée du vieux mendigot porteur d'orgue n'était plus qu'une rumeur confuse mêlée aux autres rumeurs du crépuscule et de la solitude, une même pensée triste semblait avoir étreint au cœur toute cette brillante et joyeuse compagnie, car toutes les conversations s'étaient tues et chacun, l'oreille au guet, semblait épier encore la ritournelle, hélas! éteinte aux lèvres du chanteur, pauvre hère disparu peut-être et sans retour au coude du chemin.

La belle madame Engrand, une veuve divorcée, fut la première à rompre ce silence. « Bah, faisait-elle en appuyant la cambrure de sa taille ronde à l'osier tressé de son rocking-chair, tout cela, c'est de la romance... les hommes d'aujourd'hui sont plus pratiques ; on ne meurt plus d'amour. »

« Vous croyez? » C'était la voix moqueuse et nette de notre hôte, sir Williams Willins, arrivé sur la pointe du pied nous rejoindre et, très grave, s'étant installé près de nous. « On n'en meurt pas, mais on en devient très bien fou ! »

« Une histoire ! » ripostait railleusement la belle Mme Engrand, son profil impertinent de mondaine millionnaire tourné à demi vers son interlocuteur !

« De quel monde votre aliéné d'amour? » A quoi sir Williams : « D'aucun monde et par cela même moins qu'intéressant pour vous sans doute; car mon fou n'a ni attelage coté au Bois ni bourse de jeu au cercle; c'est un de mes ouvriers, mesdames et messieurs, oui, un des fondeurs de mon usine ! »

« Fou guéri, alors! » chantait le timbre grave et mordant de l'incorrigible interruptrice.

« Guéri, guéri... cela est à savoir! Toujours est-il que ce garçon, et un superbe garçon, mesdames, de vingt-quatre ans au plus, un ouvrier exemplaire, a dû quitter Paris, le quartier où il travaillait et son ancien métier de garçon étalier aux Halles, pour venir ici mener la vie de galérien, qui est la vie des usines, et cela pour échapper à l'obsession qui le rejetterait au cabanon s'il habitait Paris! Car Paris, pour lui, c'est le souvenir vivant de l'amour et de la femme qui l'ont conduit où il est aujourd'hui ! »

— « Fou furieux ! »

— « Oui mon fou a été fou furieux et interné six mois à l'hospice de Villejuif. »

« Au sixième quartier », soulignait la voix du docteur Essler, le médecin de la névrose adopté aujourd'hui par la mode et les femmes.

« Oui, au sixième quartier, l'antichambre de la mort ; c'est ainsi qu'on appelle, je crois, la section des furieux, docteur ? » — A quoi l'interpellé : « En effet, le fou furieux est généralement condamné à mourir. »

L'assistance, y compris la belle Mme Engrand elle-même, était devenue singulièrement attentive.

« Et guéri sans rechute, insistait ma sceptique voisine, tout à coup devenue caressante. — Sans rechute, guérit-on sans rechute, docteur, demandait sir Williams ? vous qui m'avez recommandé le sujet et connaissez Mourienne.

— Comment, vous le connaissez, vous l'avez soigné ? éclataient tout à coup les voix féminines, docteur, et vous ne le disiez pas ! »

Et les interrogations, les questions de se croiser, de se presser sur toutes ces jolies lèvres ; ces yeux profonds ou clairs, bleus ou bruns d'implorer, de câliner et de coqueter, luisants et prometteurs. Le docteur était entouré, assiégé : un mot de sir Williams en avait fait le lion, l'homme à succès de la soirée, de la minute, le dieu du dîner et du jour !

Sir Williams, debout au milieu de nous, considérait, un muet sourire aux lèvres, la bataille frivole de toutes ces curiosités en jeu ! « Comment est-il ? est-il blond ? est-il brun ? est-il grand ? voulait-il se tuer ? était-on obligé de lui mettre la camisole de force, comment s'appelait cette femme ? l'injuriait-il, pleurait-il dans sa cellule ? avait-il maigri ? docteur est-il vraiment très beau ? » et tout le caquetage d'une volière en rumeur, le verbiage exaspéré de dix jolies femmes nerveuses, désireuses de savoir, surexcitées, ameutées autour d'un mystère.

« Mais je puis vous le faire voir » intervenait bonassement sir Williams avec un sourire paterne.

« Comment, nous le faire voir, il est donc ici ? » Et un brusque revirement ramenait, dans un grand bruit de jupes, toutes les femmes autour du directeur d'usine, serrées et tassées comme une compagnie de perdrix.

« Certes, oui, mais un peu de calme, mesdames!
« Tenez, faisait-il en prêtant l'oreille à un branle-
« bas de sonnerie, voici justement la cloche de six
« heures, c'est la sortie. La plupart de mes ou-
« vriers, ceux qui habitent Poissy, passent forcé-
« ment ici, notre homme est du nombre; il va pas-
« ser là sur le chemin de halage, au pied de cette
« terrasse... je l'appellerai sous un prétexte quel-
« conque, retenez bien son nom : Mourienne. D'ail-
« leurs, je ne parlerai qu'à lui ; ouvrez bien les
« yeux et regardez-le tout à votre aise : sa tenue
« laissera peut-être un peu à désirer, mais il est très
« beau, je vous assure. Un conseil, pourtant : ne
« cherchez pas à l'émotionner, mesdames, il hait
« toutes les femmes, depuis son aventure, n'est-ce
« pas, docteur? C'est une horreur, une rancune
« ulcérée d'homme qui a trop souffert, une aver-
« sion de victime qui se souvient de ses bour-
« reaux; mais oui, presque de la mysogynie. »

— « Mais il devient très intéressant, ce garçon »,
murmurait comme à elle-même la belle madame
Engrand.

Les bruits des pas commençaient à s'étouffer

lourds et pressés au pied de la terrasse ; des êtres noirs, harassés, sans figure humaine, la face et les mains barbouillées de suie, se hâtaient par groupes à l'ombre grêle des peupliers de la route : les ouvriers de la fonderie. Cuits et recuits à la chaleur des fours, au brazillement des fontes incandescentes, de pauvres corps aux mains noueuses et déformées, aux torses déjetés et comme écrasés sous une fatigue séculaire, torses du travailleur que les races d'ouvriers se lèguent de père en fils et qui ne se redressent jamais ; et dans ces haillons, dans ces loqueteuses toiles, les regards navrés qu'a si bien peints le poète Maurice Maëterlink en deux poignantes épithètes, des regards *pauvres et las.*

En passant devant la terrasse, où se tenaient le directeur et ses invités, tous hâtaient le pas, gauchement, comme honteux, les uns soulevant leur casquette, les autres baissant plus bas le front, aveugles ou feignant de ne pas voir.

« Mourienne ! » criait tout à coup sir Williams en s'approchant de la balustrade. Instinctivement, nous nous étions levés ; un homme venait de se détacher d'un groupe, un homme noir de suie comme les autres, et, sa casquette à la main, l'être se tenait debout, à quelques pas de nous, un peu au-dessous de la rampe enlierrée, dans la poussière du chemin.

« Mourienne, passez donc chez le contremaître Abel et dites-lui de venir me parler à la villa, ce soir même. »

« Oui, monsieur Williams, j'y passerai. Comptez sur moi. »

Et l'homme, s'étant incliné, remettait sa casquette et rejoignait, lui d'un pas jeune et leste, la débandade traînassante des autres ouvriers.

Grand, les épaules larges et la taille svelte, le gaillard était, ma foi, simple et bien découplé; maigre, mais d'une maigreur de gymnasiarque sous un minable maillot de coton blanc rayé, le cou fort et la face énergique éclairée d'une blonde et frisante moustache. Je n'avais vraiment vu de ses traits encrassés de suie que les yeux, deux yeux d'un bleu profond d'une tristesse infinie, des yeux comme étouffés, des yeux qui se souviennent et voudraient oublier, *les yeux du paysan à la fenêtre d'une usine*, les pitoyables yeux de ceux qui voudraient être ailleurs et qui souhaitent mourir, des yeux de misérables que la souffrance de vivre, cet âcre plaisir fait d'un peu de lâcheté, retient peut-être seule aux confins du suicide.

Mme Engrand debout auprès de moi n'avait pas, elle non plus, cessé de le dévisager ; ce fut tout ; la cloche du dîner nous appelait enfin à la villa. J'offris mon bras à ma sceptique voisine, les autres jaquettes avaient offert le leur aux corsages de batiste et de clair foulard.

Durant tout le dîner, les entretiens roulèrent sur ce Mourienne : l'impression avait été favorable; le fondeur avait plu aux femmes. Et qui ne plairait aux femmes quand elles savent que pour elles on a failli mourir, que pour elles on a perdu le sens, pour elles gâché sa vie, et qu'on est un misérable être abandonné, incurable et perdu par leur glorieux amour !

Le docteur Essler interrogé, donna des détails, les seuls qu'il possédât, d'ailleurs ? C'était la lamentable, hélas! et trop banale histoire des amours du peuple parisien : une rencontre faite chez un marchand de vins du quartier, la belle-sœur du marchand de vins lui-même; lui, le garçon, triomphant et faraud de son costume de zouave au lendemain de son congé, elle blonde et charmante du charme anémié et délicat des blondes et des Parisiennes; c'étaient d'abord les repas pris dans la boutique du mastroquet pour avoir un prétexte à se voir, à se parler, l'amour naissant fatalement de ces entretiens, de ces rencontres; l'idylle éternelle des amoureux de faubourg; promenades le soir sur le talus des fortifications, à l'entrée des champs, longues stations aux étalages des boutiques et aux pitreries des baraques de foire et puis la brusque intervention des parents, la jalousie d'une sœur aînée, le départ de la fille brutalement rappelée à la campagne et mariée à un autre dans les huit jours, et le malheureux perdant soudain la tête, quittant sa ' e et battant le pavé de Paris pendant un mois sans argent et sans gîte, et roulant, triste épave, de garnis en garnis, morne, désespéré... et puis, un beau jour l'inanition, la détresse, l'absinthe, et peut-être les fièvres contractées au Tonkin, la pauvre cervelle humaine éclatant : les extravagances d'un être qui se détraque, les cris et les menaces, l'arrestation, le Dépôt, Sainte-Anne et Villejuif, Villejuif, c'est-à-dire les douches, les bains glacés et brûlants, ou *le macchabée est mis à dessaler* durant des heures, selon l'horrible expression de là-bas, le cabanon, la camisole de force, les coups et les féroces bourrades des gardes-chiourmes que sont partout les gardiens, l'infirmerie et quelquefois la mort.

C'était là toute l'histoire; à la sortie du misérable, comment guéri! (le docteur se le demandait encore) Essler avait recommandé son malade à sir Williams, le suppliant au nom de l'humanité d'admettre dans son usine ce vaincu de la vie, qui fatalement sombrerait de nouveau, abandonné à lui-même sur le pavé de Paris.

Après le dîner, le soir, la belle Mme Engrand, évidemment sous l'émotion de cette histoire, attaqua, au piano, de sa voix mouillée de contralto, la fameuse poésie d'Augier, musique de Gounod

> Je voudrais oublier qui j'aime,
> Emportez-moi loin d'ici.

Et quelques jolies robes de foulard, toutes vibrantes encore des incidents de la journée, eurent des gestes bien charmants de sensibilité attendrie en écrasant de l'index, au coin de leur paupière, une furtive larme : quant à moi, depuis ce soir-là, je ne puis plus entendre la pleurarde romance du *Pâle voyageur* sans un léger serrement d'angoisse autour du péricarde, mais il faut dire aussi que je suis très bête et que, malgré mes trente-quatre ans, je n'ai jamais pu lire dans le paroissien ce passage enfantin des litanies de la vierge :

Ayez pitié de l'isolement du cœur.
Ayez pitié de ceux qui s'aiment et qui ont été séparés.

sans me sentir les yeux mouillés et comme piqués d'une sotte envie de pleurer.

LOVE'S LABOUR LOST

LOVE'S LABOURS LOST

A Henry Bauër.

FRAGMENT DE LETTRE

Les miroirs, par les jours abrégés de décembres,
Songent — telles les eaux captives — dans les chambres,
Et leur mélancolie a pour causes lointaines
Tant de visages doux fanés dans ces fontaines
Qui s'y voyaient naguère embellis du sourire.

Change le premier de ces vers et remplace *décembres* par *novembres* et tu auras devant toi, mon vieil Armand, la haute glace oblongue de la chambre que j'occupe ici chez Gabriel, aux Capucins, dans l'hospitalière et reposante demeure où sa femme et lui ont bien bien voulu me recueillir : une vieille glace de Venise, presque effacée et si pâle dans son cadre terni, mais d'une eau si bizarrement verdâtre que je me crois penché au-dessus d'un étang toutes les fois que j'y regarde, et j'y regarde bien une cinquantaine de fois par jour dans cet étrange et blêmissant miroir : je ne sais quels grands yeux pâles et mornes m'y attirent, c'est comme un sourire du passé et (traite-moi de fou, si tu veux) mais je me suis déjà surpris les lèvres presqu'appuyées à sa froide surface comme s'il y avait là, enfermé, un front cher et charmant, au fond de ce cristal.

Pas encore guéri, l'ami Jacques, comme tu vois !

Ah ! mon pauvre ami, comment cette aventure, toute de sensualité et de caprice, m'est-elle ainsi tombée de la tête dans le cœur, et comment après six mois passés sur cette liaison puis-je me retrouver plus douloureusement épris et pris et possédé qu'au premier jour !... Dire que j'ai tout fait pour secouer cette folie entrée aujourd'hui dans ma peau comme un taon dans l'encolure d'un cheval, et dire que j'ai tout tenté et tout essayé, voyages, absences, infidélités, crapulerie même et distractions de toutes les sortes, sans pouvoir arracher cette image et ce souvenir de ma chair.

Pis, ma vieille chair de viveur de trente-quatre ans et plus a l'horreur aujourd'hui de tout ce qui n'est pas elle ; l'approche, l'haleine, le contact de toute autre femme m'emplissent de malaise, d'une véritable angoisse, et cette ridicule aventure a si bien tué le libertin en moi qu'elle a réveillé le cardiaque... Car tu sais, malgré l'ordonnance Potin, le séjour aux champs ne les a pas du tout, mais du tout supprimés, mes fameux troubles du cœur.

Te souviens-tu de ce que disait toujours ce grand farceur de Le Pilois, alors interne à l'Hôtel-Dieu, après m'avoir écouté respirer comme pour une très sérieuse auscultation : « Toi, je te permets la débauche, mais je te défends l'amour..., tu n'es pas organisé pour ça..., c'est-à-dire, tu es trop organisé ; monsieur est en vieux Saxe, gare les *escrabouillures*. »

L'*escrabouillure* y est, et en plein, aujourd'hui.

Si je te disais qu'il y a des minutes où, rien qu'en songeant à elle, je me sens à la fois si délicieusement triste et si douloureusement étreint, qu'il me semble que je vais passer, et, là, tout bêtement, mourir.

C'est atroce et c'est exquis, cette agonie autour d'un sexe, cette mort défaillante autour d'un souvenir.

Ainsi, le lendemain de mon arrivée ici, j'ai eu une heure d'une si mortelle angoisse, d'une détresse si profonde, que, pour rien au monde, je ne voudrais la revivre encore, et pourtant, cette heure, maintenant que j'en connais l'opprimante souffrance, je m'en voudrais de ne l'avoir pas vécue, et de toutes les forces de mon être, car avoir pu endurer cela, certes, c'est avoir aimé !

Il faut te dire que j'occupe aux Capucins une chambre bien faite pour les incurables convalescences ; une vaste chambre de la fin de l'autre siècle, tendue de haut en bas de bergeries violâtres sur le fond écru des toiles de Jouy ; un œil de bœuf s'ouvre en lucarne au-dessus de chaque porte et le feu flambant, au coin duquel je t'écris, pétille et charbonne entre des landiers de fer sur le foyer de briques d'une de ces hautes cheminées de jadis où on se rôtit les jambes et le ventre, tandis que les épaules y gèlent frissonnantes ; dans un angle, l'oblongue glace verdâtre au fond de laquelle un visage d'absente regarde et me sourit...; mais le grand charme de cette chambre est dans ces deux fenêtres aux petits carreaux clairs dans leur étroit châssis, car ces deux fenêtres donnent sur l'horizon le plus mélancolique : un coin de parc en terrasses où rêve çà et là une rare statue ; le parc descend entre de longues avenues aux cimes défeuillées jusqu'au bord d'une route et de grandes pâtures, que borne au loin, bien loin, un vague rideau de bois !

Des bois et toujours des bois, des bois à perte de vue, des bois jaunes, mordorés par l'automne et rouillés par les pluies, ocres malades et violets grisâtres estompés de brume et fuyant, pareils à des fumées sur un ciel noyé d'eau, du laiteux terne et morne des vitres dépolies.

Aux carreaux le pianotement monotone, infini des averses.

> O fins d'automnes, hivers, printemps trempés de boue
> Endormeuses saisons, il faut que je vous loue
> D'envelopper ainsi mon cœur et mon cerveau,
> D'un linceul vaporeux et d'un vague tombeau.

Mais tu as lu Baudelaire et tu connais le reste...
Or, me vois-tu la nuit même de mon arrivée ici,
laissant mes volets intérieurs grands ouverts et les
rideaux tirés, afin de mieux voir le petit jour se
lever sur ce parc de brume et me griser tout à
l'aise d'un opium de tristesse ; ah, cette aube de
novembre sur ces futaies jaunies et ces prairies
noyées sous l'ondée bruissante, et ma sensation
d'isolement dans ce château perdu, dans ces bois
délabrés, devant cette aube blême !

Je ne sais pourquoi, mon pauvre ami, j'ai eu
l'affreux pressentiment que je ne la reverrai plus
jamais, jamais plus, que c'était fini de nous aimer,
fini les baisers et les longues étreintes et les sub-
tils espoirs! Il a passé dans l'air froid du matin
comme une odeur de mort! Oh! ce que j'aurais
donné pour l'avoir alors près de moi, dans ce lit
solitaire et pour la sentir respirer longuement, la
tête appuyée sur mon épaule, et son cœur battant
contre mon cœur.

C'est de la folie, mais pris d'une peur, je me suis
levé précipitamment pour pousser les volets aux
fenêtres, pour ne plus voir ce couvercle de tombe,

ce petit jour pluvieux, ce ciel pesant et gris, pour être dans de la nuit, m'enfoncer dans du noir, et me cachant la tête au creux de mes oreillers, je me suis recouché sanglotant de toutes mes forces, mais sanglotant comme un enfant, des vrais sanglots de gosse qui étouffe et râle au travers de ses larmes, redevenu gamin par la douleur.

Et durant toute cette belle crise, tu croiras ce que tu voudras, pas une minute le désir d'un baiser ou d'une plus intime caresse, rien que le besoin, mais un besoin presque physique, à crier d'angoisse, d'une longue et quasi-fraternelle étreinte, joue contre joue, cœur contre cœur !

Car c'est complet, cette silencieuse m'a rendu presque chaste ! C'est d'elle toute, bien plus que de sa chair, dont j'ai soif, de l'expression de ses yeux, du sourire un peu sévère de sa bouche, du refus même de cette bouche et de la ligne frêle de ses épaules et de son long cou !

La pudeur se gagnerait-elle !

Je l'adore, je sens que je ne puis vivre sans elle et parfois il me semble que je ne la désire plus !

Mieux, si je te disais que ce que je crois aimer

en elle, c'est justement cette grâce un peu farouche de femme endolorie, ses regards qui disent non, et jusqu'à son silence même et tout ce que ce silence renferme d'incurable tristesse, de souffrances endurées, de chagrins de jadis supportés en secret.

Ce passé qu'elle ne m'a pas voulu dire et que je devine amer à la reconnaissance pâmée de certaines étreintes, et à l'humidité de certains regards, parfois tout remplis de tendresse, quand cette âme mûrée s'abandonne et veut bien se départir de sa méfiante froideur, ce passé, j'en suis jaloux et j'en suis heureux à la fois.

Je l'aimerais moins, je crois, si elle n'avait pas souffert, je l'aimerais moins si elle ne m'opposait cet inflexible silence!

Une *Baudelairite* aiguë, vas-tu me répondre... Beau masque, je connais ton mal.

> Sois charmante et tais-toi, mon cœur que tout irrite,
> Excepté la candeur de l'antique animal.

etc., etc., etc.

Non, c'est pis, car en analysant bien, j'ai découvert du honteux dans cette passion fantasque et maladive, une inattendue pointe de férocité; je l'adore, et j'aime à la voir souffrir, j'aime à lui faire du mal!

Si je te disais qu'à mon dernier départ, au moment de monter en wagon, quand je l'ai baisée longuement à travers sa voilette, cela m'a été une délicieuse sensation de fraîcheur et de brûlure de la sentir pleurer... Oh, ces deux grosses larmes, lentes, furtives et chaudes, dont la tiédeur a glissé sur mes joues, et dont nos lèvres, mêlées l'une à l'autre, se sont trouvées du même coup salées! O l'amertume aimante de cet adieu!...

Je n'ai plus regretté mon départ, elle pleurait... Son chagrin à la fois me poignait et me ravissait! la fameuse bête fauve que décagent dans l'homme le rut, cet amour intuitif, et ce rut idéalisé, poétisé, déprimé, corrompu que nous appelons l'amour!

Mais je ne sais pourquoi, j'ai le pressentiment que tout cela est fini, je rentre après-demain, et j'ai une appréhension de ce retour.

Si nous allions nous aimer moins, ou autrement;

si nous allions être changés... Changé comme un absent, tu connais le proverbe.

Visions, me diras-tu. Non. Je suis comme averti ! il y a quelque chose de brisé entre nous et je la hais déjà de la pressentir pas demeurée la même.

Après tout, qu'importe ! Elle ne pourra m'oublier tout à fait, puisque moi je garderai son souvenir... Vois-tu, mon pauvre Armand, ni les mêmes baisers ne se vivent deux fois, ni les sensations ne peuvent se survivre.

> Ces serments, ces parfums, ces baisers infinis
> Renaîtront-ils d'un gouffre interdit à nos sondes,
> Comme montent au ciel les soleils rajeunis.

a tristement demandé le poète, et s'il l'a demandé, c'est qu'une voix lui disait tout bas, non, non, non, cent fois non !

Notre amour est condamné comme les feuilles jaunes des bouleaux que le vent en ce moment fait pleuvoir avec un bruit de légères ferrailles sur le rebord de mes fenêtres... et puis j'ai lu l'avenir dans ce pâle, si pâle et verdissant miroir.

Mon pauvre ami, que je suis malheureux!

L'INCONNUE

(SOIRS DE PARIS)

SOIRS DE PARIS

L'INCONNUE

PREMIÈRE PARTIE

Au dernier bal de l'Opéra, vers une heure et demie du matin : déjà las de quatre tours dans la salle et de je ne sais combien d'allées et venues dans le foyer et le couloir des loges, nous nous étions échoués, Inotey, le peintre impressionniste et moi, près du grand escalier dans une des loggias du pourtour et là, à demi-assis sur la rampe de marbre, dans un des entrecollonnements étageant sur nos têtes ses frises à double fût, nous causions, le dos presque tourné au public, tout en taquinant du bout de nos cannes de soirée la pointe exagérée de nos souliers vernis : oui, assez indifférents en somme à la promenade incessante et nous frôlant presque des femmes en mantilles et des sifflets d'ébène en quête de Francillons, nous causions et de la beauté de plus en plus introuvable aujourd'hui chez des femmes dites de plaisir et surtout du manque absolu d'imprévu et de neuf de la galanterie moderne, la galanterie aux taux réglés et débattus d'avance comme ceux d'un compte de fournisseur.

— Moi, je me contente de mes modèles, voilà où j'en suis arrivé, concluait Inotey entre deux mesures de valse nous arrivant en bouffées du foyer, où une trolée de gommeux bostonnait au son de l'orchestre de Broustet. La séance donnée, quand l'envie m'en démange, je pousse la fille sur un divan, dans un coin d'atelier... puis je paye la pose double... Elles sont bien faites au moins, celles-là, et presque saines. Je sais ce que je prends... oui, de beaux corps, les matines, mais parfois de *fichues gueules*... Enfin !

Et cet *enfin* résumait si bien ma propre impression, l'obligatoire et morne résignation de l'artiste de l'an 1890 dans l'à-peu-près de la vie, l'à-peu-près de la beauté et l'à-peu-près de l'amour, que je ne relevais pas le mot : un grand silence tombait entre nous deux, un silence coupé d'airs de danse et de retentissantes sonorités de cuivre, et, le front bas sous nos gibus repoussés en arrière, nous nous étions remis à taquiner avec le bout de nos cannes la pointe exagérée de nos escarpins de soirée, offrant aux gens le réjouissant aspect de *deux qui s'embêtent à mort,* quand d'un bond Inotey était debout, enfilait brusquement le couloir des loges de droite et disparaissait dans la foule. Je m'étais levé, moi aussi, et, rajustant mon chapeau sur la tête, me mettais en devoir de le suivre. Tout à coup, un bras se glissait sous le mien et « Me voilà, viens, par ici, suis-moi, » murmurait la voix d'Inotey, Inotey lui-même qui, soudainement surgi à mes côtés, revenu je ne sais comment et de je ne sais où, m'emmenait dans la direction des loges de droite, dans le couloir où je venais de le voir disparaître à la minute même, et m'y entraînait à son tour.

— Ah ça ! qu'est-ce qui te prend ? M'expliqueras-tu ?

— Tout à l'heure.

— Une femme?

— Une femme, oui : une femme que j'ai cru reconnaître et qui est entrée là... Je ne sais plus au juste, là ou là. »

Il me désignait la série des loges 30, 32, 34 et 36, nous étions du côté pair : il avait les traits altérés, ses yeux brillaient, allumés et fiévreux, dans son visage ordinairement flegmatique d'Anglo-Saxon frais et rose et, très pâle, avec un pli de toute la bouche, il me pétrissait nerveusement le bras sous la manche de mon habit, mais violemment à m'en faire mal.

Jamais je ne l'avais vu ainsi.

— Une femme... une aventure alors?... une maîtresse qui...?

— Il s'agit bien de cela!

— Quoi?

— C'est une épreuve... te dis-je. Je t'expliquerai cela plus tard. Restons ici, hein, faisons les cent pas, aide-moi bien à observer ces portes, car elle va sortir, elle sortira.

— Elle t'a donc vu ?

— Elle... j'espère bien que non... Je ne saurais rien alors... Nous tournions bien le dos à l'escalier, n'est-ce pas? les gens qui montaient ne pouvaient nous voir, nous reconnaître, non, n'est-ce pas... Réponds-moi donc... d'ailleurs est-ce elle? Je n'en sais rien encore... pourtant cette démarche, cette tournure... Oh! j'en aurai le cœur net.

Il parlait comme en rêve, pour lui seul : un véritable talent sur le monologue que je ne lui connaissais pas.

— Elle est seule, cette femme?

— Seule, oui... c'est-à-dire avec une femme de chambre.

— Une femme du monde, alors : Francillon !

Inotey eut un geste vague, il ne savait pas : je ne pu rien tirer de son étrange préoccupation; tout à coup, son bras se raidissait sous le mien, la porte d'une des loges surveillées, de la loge 34, venait de s'entr'ouvrir; tout en l'observant du coin de l'œil, Inotey avait brusquement tourné le dos, et je le vis qui d'une main fébrile, à tâtons, tirait de sa poche un faux nez et l'ajustait sur son visage, un affreux nez à œillière et moustaches, un de ces monstrueux cartonnages, qui rendent un homme méconnaissable en le défigurant.

— Deviens-tu fou?

Il avait déjà fait face à la loge et, me broyant silencieusement la main, regardait la femme du numéro 34 se hasarder dans l'entrebâillement de la porte, comme hésitante à sortir.

Ensevelie, ou plutôt murée dans un ample et long domino de satin noir, le capuchon du camail rabattu sur le front avec une épaisse dentelle de Chantilly ramenée sur le nez, la bouche et le menton, ne laissant entrevoir que le haut du visage, elle penchait la tête, regardait à gauche, à droite, comme pour s'assurer de la sécurité du couloir, puis tout d'un coup, relevant la traîne de sa jupe d'une main, appuyant de l'autre à hauteur de ses yeux un grand éventail déployé de moire noire, elle s'engageait dans la cohue et, svelte et onduleuse et dans la raide étoffe et malgré l'engoncement de son déguisement noir, filait à pas menus, se frayait un chemin et parmi tous ces masques et ce tas d'habits noirs, impénétrable, presque invisible tant elle était voilée, et faisant pourtant retourner toutes les têtes, étinceler tous les regards et se gonfler toutes les narines sur le passage de ses petits pieds, gantés de satin noir, et l'amoureuse promesse des sinuosités de sa taille fuyante et de sa démarche molle.

Inotey avait attendu qu'une distance de cent pas la séparât au moins de sa loge, puis, l'ayant brusquement rejointe, il passait familièrement son bras sous le sien, lui parlait à l'oreille en paonnant et déguisant sa voix à plaisir ; le domino si hardiment abordé n'avait ni recul, ni effarement farouche et, si son attitude vis-à-vis le faux-nez d'Inotey manquait, oh ! cela oui, absolument d'enthousiasme, les propos qu'il lui débitait ne semblaient pas trop lui déplaire, quand, se dégageant tout à coup de l'étreinte d'Inotey, le voilà qui se mettait à courir, à fuir droit devant lui, comme en proie à une véritable épouvante et mon ami Inotey, retenant d'une main son faux nez de carton, de l'autre essayant de saisir le camail de la fugitive, se mettait à lui donner une véritable chasse, tant et tant que des groupes commençaient à se former et que je croyais devoir intervenir.

On avait fait cercle autour d'eux : à quelques habits noirs qui s'interposaient déjà : « Mais, madame me connait parfaitement, répondait avec un beau sang-froid mon ami peintre, nous sommes au numéro 34, nous avons pris la loge ensemble », et tranquille et gouailleur, les deux mains dans ses poches, il emboîtait le pas au domino qui, maintenant pris entre deux rangs de curieux, ne pouvait plus avancer, s'embarrassait dans sa traîne, et confus, mal à l'aise sous ces regards cherchant à la dévisager, ne soufflait mot et baissait, baissait, baissait la tête, tandis que l'insupportable Inotey, toujours les mains dans ses poches, lui faisait la conduite en se dandinant à la Paulus et lui chantonnant dans le cou sur l'air de la scie trop connue cette affreuse variante de sa façon.

> Mademoiselle, écoutez-moi donc !
> Ça fait-y du mal quand on coupe la tête ?
> Mademoiselle, écoutez-moi donc !
> Ça fait-y du mal quand on n'a plus de tronc ?

Les badauds, croyant à une plaisanterie, s'étaient écartés. « Ohé l'éméché, chahutait un masque et la foule s'était dispersée, les uns haussant les épaules, les autres la déclarant bien bonne, et la plaisanterie continuait toujours entre ce domino et cet habit noir, une plaisanterie atroce et qui tournait au drame; et cela, je n'en pouvais douter maintenant qu'approché des deux acteurs de la scène, je voyais la femme presser le pas, le dos tourné à sa loge, chercher à fuir, n'importe où, droit devant elle, et, la tête perdue, chanceler et trébucher dans sa robe avec une telle pâleur répandue sur ce qu'on devinait de son visage à travers ses dentelles, qu'à chaque pas de la malheureuse en avant, je m'attendais à la voir tomber et défaillir.

— Inotey, Inotey ! essayai-je en vain d'intervenir, mais lui, toujours flegmatique et railleur sous son faux-nez de persécuteur grotesque, continuait de se dandiner sur les pas de la femme, lui chantonnant sur le même air :

Mademoiselle, écoutez-moi donc,
Faisait-y beau temps place de la Roquette
Quand Monsieur Deibler, ce mitron,
Ebréchait not'chéri mignon ?

Si c'pauvre gars, mamzelle, n'a plus de tronc,
C'est pas une raison pour me faire une tête !
D'aut'que lui ont la tête et le tronc
Et ne demandent pas mieux que de faire la fête !
    Mademoiselle, écoutez-moi donc,
Faisait-y beau temps place de la Roquette !
    Mademoiselle, écoutez-moi donc,
Ça fait-y du mal, quand on n'a plus de tronc ?

Il l'avait acculée dans un angle et la malheureuse à demi-suffoquée, une suprême angoisse dans les yeux, baissait toujours le front et bombait les épaules, cherchant en vain à se dérober, quand avec un grand cri étouffé elle s'abattait soudain sur la poitrine de son persécuteur. Inotey venait enfin d'ôter son nez en cartonnage : « Vous, vous, c'était donc vous, balbutiait-elle sans reprendre haleine, et je devinais qu'elle devait sourire sous son masque de dentelles d'un sourire à la fois reconnaissant et crispé de femme qui vient d'échapper à un affreux péril.

— Et qui vouliez-vous que ce fût ? murmurait Inotey.

— Oui, j'étais folle... Ah ! c'est bon d'avoir eu peur... une fois que c'est passé, mais vous ici, vous retrouver ici ?

— N'y êtes-vous pas, vous ?
— Oh moi !
— Allons, prenez mon bras et venez vous remettre.

D'un regard Inotey m'avait cloué à ma place ; elle avait pris son bras et, causant, chuchotant comme deux amis de vieille date, je les voyais s'enfoncer dans la foule et pénétrer dans la galerie du buffet.

C'était évidemment une rencontre imprévue après une longue absence, une de ces rencontres fécondes en aveux réciproques et en histoires interminables, car il y avait bien une heure que j'arpentais le couloir à bout de patience et d'attente, quand Inotey me touchait l'épaule et, souriant, ravi : « Tu te fais vieux, pauvre ami... me voilà.

— Le fait est que tu y as mis le temps... Pas expéditive, la dame ?

— Chut.

— Oh ! tu sais, moi, je la trouve mauvaise.

— Oui, mais quand tu sauras, quand tu sauras...

— Oui, mais je ne sais rien.

— Chut, pas ce soir... La nuit n'est pas finie, nous nageons encore en pleine aventure.

— Comment, ton domino ?

— Oh ! je l'ai reconduit dans sa loge; je l'ai remis moi-même entre les mains de sa femme de chambre.

— Et tu soupes avec elle ?

— Moi, non, toi peut-être.

— Moi !

— Ou un autre.

— C'est une fille ?

— Je ne pense pas.

— Une femme du monde ?

— J'ai tout lieu de le croire.

— Mariée ?

— Ça m'étonnerait.

— Jeune fille ?

— Plutôt.

— Et vierge, n'est-ce pas ?

— Oui, si Messaline peut-être vierge.

— Ah çà, tu te fous de moi, Inotey.

— Moi, pas le moins du monde... mais ne restons pas là, si nous voulons la revoir, descendons dans le bal.

— Dans le bal ?

— Oui, de plus fort en plus fort, comme chez Nicollet; et toi, pour ta gouverne, prends cette nuit pour règle de conduite, le *nihil mirari* du philosophe antique ; quoi qu'il arrive, ne t'étonne de rien.

— Est-elle du moins jolie, ton hirondelle de Mi-Carême ?

— Jolie ? mais ravissante, mon cher. Jolie ? mais comme les amours. Sans cela où serait le monstrueux de la chose... d'ailleurs qu'est-ce que cela te fait à toi ?

Il était écrit que je ne saurais rien cette nuit-là et pourtant, l'énigmatique domino noir et moi, nous devions nous retrouver quelques minutes après face à face. C'était dans la salle de bal, au milieu de la cohue des danses et des masques : dans un des coins la foule avait fait cercle autour d'un échevelé quadrille de clodoches, exécuté par quatre déguisés, dont deux hommes travestis en femmes! nous avions pris place dans le cercle, à la fois écœurés et pourtant amusés par les cris d'outarde et les entrechats d'une grosse laitière à poitrine velue, gigotant et minaudant vis-à-vis d'un superbe garde-française, moustache en flamme de punch, le bas ventre et les jambes moulés dans une adéquate culotte de peau de daim ; racaille salariée de bals publics, plus ou moins inscrite au bureau de la police des mœurs, mais parfois divertissante dans le cynisme de ses ébats. A un coup d'éventail effleurant son épaule, Inotey se retournait à côté de moi ; le domino de satin noir, toujours impénétrable, se tenait derrière nous ; un autre domino l'accompagnait, noir également, mais moins leste et de moins haute allure, la femme de chambre. Cette fois le domino n'avait plus peur, ses yeux même riaient dans ses dentelles, provocateurs et impudents : du bout de son éventail elle désignait le clodoche en garde-française et son regard, appuyé sur celui de Inotey, posait un point d'interrogation muette. Inotey souriait et lui chuchotait la vérité... sans doute, car le domino avait un *oh* railleur derrière un subit déploiement d'éventail : il n'en revenait pas moins à la charge et, me plantant cette fois les yeux dans les yeux, il consultait du regard l'impassible Inotey dans l'attente d'une approbation immédiate.

— Un journaliste, je vous l'ai déjà dit, répondait Inotey.

— Ah! ripostait le domino, trop dangereux, mais alors... c'est tout bonnement mortel ici et d'un coup sec on refermait l'éventail.

— « Aussi qu'y venez-vous chercher, ricanait Inotey; beaucoup trop comme il faut, l'Opéra, snobs et gobeurs, rien à faire ici pour vous, ma chère. Voulez-vous mon bras, il n'est que trois heures, je vous conduis à l'Élysée-Montmartre?

— Sérieusement?

— Je suis toujours sérieux.

— Et lui? et son regard, qui ne m'avait pas quitté, me désignait encore.

— Pas votre affaire et puis, je vous l'ai déjà dit, journaliste.

Cet Inotey, je l'aurais étranglé : Je devinais une moue sous les dentelles de la mantille, une nerveuse poignée de main de Inotey m'intimait l'ordre de ne pas les suivre, quelqu'envie que j'en eus ; la curiosité, l'espoir de tout apprendre le lendemain de sa bouche me faisaient entrer dans la peau de ce rôle nouveau. Je demeurais immobile à ma place ; l'étrange domino prenait le bras d'Inotey, me jetait une brève inclinaison de tête au passage, puis, suivie de sa femme de chambre, s'enfonçait avec son cavalier dans la foule. Le quadrille venait de finir, une poussée de masques se faisait dans la salle, je les perdais presque aussitôt de vue ; sur l'estrade, l'orchestre entamait une mazurka. Pris de je ne sais quelle lubie, pour échapper peut-être à l'obsession de cette aventure impressionnante comme un cauchemar, j'avisais une femme et mettais à danser cette mazurka sur une mesure de valse ; je ne devais rien savoir de plus cette nuit-là.

DEUXIÈME PARTIE

Le lendemain, vers midi, Inotey entrait chez moi : « Enfin ! m'écriai-je, en me croisant les bras, vais-je connaître un peu le fin mot de cette intrigue ? Avoue que tu t'es fort galamment moqué de moi. Hé mais, faisais-je en l'amenant à la fenêtre, tu n'es pas trop défait, pour un homme qui a passé la nuit avec Messaline. Mes compliments, mon gaillard. »

— Je te crois, je sors du hammam, où j'ai dormi quatre heures et déjeuné d'une bouteille de porto et de trois douzaines d'huîtres.

— Des huîtres et du porto, singulier mélange !

— Excellent pour les moelles, mon cher.

— Je n'en doute pas, car pour un homme aimé

il n'y a pas dix heures par une impératrice romaine...

— Moi, quelle erreur ! mais regarde-moi, mon cher, je ne suis ni un portefaix, ni un gladiateur pour inspirer une fantaisie à Messaline (et se laissant tomber dans un fauteuil) si je te disais qu'à six heures du matin je l'ai laissée soupant au grand comptoir des Halles avec un superbe marlou, d'ailleurs, ramassé une heure avant dans la canaille du bal Kolbus.

— Parole !

— Comme je te le dis. Passe moi les cigarettes. Une fille étrange, phosphore et cantharides, brûlée de toutes les convoitises et brûlante de tous les vices !

— Et c'est cette nuit-là que tu m'as soufflée... hé bien, tu es un ami, toi : car un moment je l'ai bien vu, elle a eu envie de moi...

— Parbleu, tu as une moustache de boucher et tu avais une chemise sale, oh, pardon, le plastron, plastron de bal de l'Opéra trois heures après minuit.

— Et tu l'as empêchée, car c'est toi qui l'as empêchée….!

— Comme je l'empêcherais encore… on peut conduire Pasiphaé au taureau, mais on ne livre pas de gaité de cœur un poète à Messaline et son ami à Cléopâtre.

— Pasiphaé, Messaline et Cléopâtre… et Marguerite de Bourgogne sans doute?

— Parfaitement.

— Mais c'est une encyclopédie, cette femme-là.

— De tous les vices antiques et modernes et rudement intéressante à feuilleter, (il s'était mis à tisonner le feu), il y a de tout dans cette femme, de la goule, de la lamie, de la courtisane grecque, de la reine barbare, de la basse prostituée, de la grande dame de Rome, avec quelque chose de très particulier, de très empoignant, très de la corruption de cette fin de siècle, très baudelairien, si je puis dire, un piment de luxure un peu funèbre et de la résignation quasi-chrétienne ; c'est un sujet, un cas…

— De la Salpêtrière, hein, disons le mot. Encore une névrosée.

—Sans doute, cette femme est une malade, une obsédée, une hystérique... Mais son cas a cela de particulier qu'elle a conscience de sa honte et de sa maladie, mais la passion... et quelle passion... est devenue chez elle un tel besoin physique (et un véritable besoin physique accompagné d'appétences et de spasmes, comme celui de la soif et de la faim) que...

— Oui, une nymphomane!

— Mais une nymphomane à lésion cérébrale, aux appétits compliqués et bizarres ne pouvant se satisfaire que dans certains milieux, car, chose étrange, cette lubrique est chaste: après une nuit crapuleuse comme celle qu'elle cuve en ce moment dans je ne sais quel horrible garni du quartier des Halles, sur la poitrine de cet ignoble souteneur, elle est prise de pudeurs singulières: dégoûtée, épouvantée d'elle-même, elle tombe dans des continences de trois et quatre mois; son passé lui fait horreur, et puis un beau matin, l'affreux besoin flambe soudain en elle et, comme une bête traquée, la voilà tout à coup qui se met à rôder, errer et flairer à travers les aventures suspectes : son vice l'a reprise, mais elle se défend encore jusqu'au moment où, mordue par quelque hideux caprice, elle revient s'échouer, morne épave de luxure, dans son banal et louche vomissement.

— Très beau morceau de littérature! et cette intéressante névrosée se nomme...

— Oh! cela, je serais bien embarrassé de te le dire, et pour la meilleure des raisons... Si je t'avouais que je l'ai vue cette nuit pour la troisième fois de ma vie, et que je lui parlais pour la seconde fois hier. Est-elle du monde, comme je le crois, je n'en sais rien moi-même? En tout cas elle n'a rien d'une femme galante, et d'ailleurs, si elle appartenait de loin ou de près au monde où l'on s'amuse, j'aurais quelque donnée sur elle : dans ce monde-là une beauté comme la sienne (car elle est délicieuse) ne saurait passer inaperçue. Elle doit être riche, elle solde généreusement ses fantaisies d'une heure... ou d'une nuit, mais ce qu'elle est surtout, et cela aveuglément, c'est passionnée et hardie; car c'est plus que sa réputation, mais sa propre vie qu'elle risque et met en jeu journellement dans ces sinistres aventures ; le péril l'attire, pis, il la grise et l'enivre, et elle l'aime, ce péril, du même sauvage et furieux amour dont elle semble aimer et poursuivre la Mort... Il y a de l'héroïne et de la goule en elle... Pauvre femme ! pour moi elle est appelée à finir quelque jour dans le sang, ce sang qui gonfle et fleurit d'une éternelle rougeur humide la peau tendre et plissée de ses lèvres; d'ailleurs, faisait-il en s'interrompant devant mon sourire, quand je discuterai pendant des heures sur l'énigme de ce tempérament, je ne te convaincrais pas davantage. Les faits ont eu une bien autre éloquence, et quand je t'aurai dit dans quelles circonstances j'ai fait la connaissance de cette femme pour la première fois, peut-être me feras-tu grâce enfin et de tes moues sceptiques et de tes airs entendus.

— « Soit, je t'écoute, répliquai-je en m'enfonçant dans mon fauteuil, mais permets-moi d'allumer un cigare. Voilà, c'est fait.

Alors Inotey : « Te souviens-tu de Lebarroil... le lutteur, celui qui m'a posé l'athlète du premier plan de mon tableau d'il y a trois ans, *ma baraque de chez Marseille à la fête du Trône*, un garçon de taille moyenne, trapu, un peu bas sur les jambes, mais des pectoraux et des bras superbes, une bouche lippue, le nez écrasé, tu vois cela d'ici, une tête de nègre blanc, une laideur de brute sensuelle et expressive! Avec cela drôle au possible, tout l'esprit de la boue de Paris émaillé d'un argot! mais d'un argot!

Mon tableau achevé, exposé et depuis longtemps vendu, il avait pris l'habitude du chemin de l'atelier et y revenait de temps à autre flâner, tirer sa flème comme il disait, tout en roulant des cigarettes... il faisait des poids dans un coin, s'escrimait avec mes fleurets contre le mur, moi je le laissais faire, il me divertissait ce garçon; entre temps il me racontait d'innénarables histoires, sa première maîtresse l'avait lâché, la seconde était à Saint-Lazare, une troisième lui faisait les yeux doux; au demeurant le meilleur garçon du monde et la pire canaille de la terre, demi-saltimbanque, demi-souteneur, grinche au besoin, changeant de domicile comme de maîtresses, tantôt à Grenelle, tantôt à la Villette, suivant l'itinéraire des fêtes de

Paris et le caprice de ses amours; je le savais, il ne s'en **cachait pas** du reste, mais je n'avais pas à m'en plaindre, je n'avais jamais eu à constater la disparition de quoi que ce soit, même d'un londrès après une de ses fréquentes visites rue Notre-Dame-des-Champs. Je le recevais donc et il ne se passait pas de semaine que je ne visse mon gars *s'amener*, les talons dans des savates, une grande blouse de boucher passée sur un maillot à raies, et là, arrêté au seuil, pétrissant sa Desfoux d'une main, se grattant de l'autre le haut de la tête, il me jetait presque timidement « Auguste ne dérange personne?... On peut en griller une et dévider son jars dans l'atelier de monsieur ! » Je haussais les épaules et le voilà entré. C'était mon vice, que veux-tu !

Aussi l'hiver dernier ne fus-je que médiocrement surpris, mais très désagréablement impressionné en recevant dudit Auguste une lettre datée de Mazas. Mon Lebarroil s'était fait pincer : le style et l'orthographe du billet, je t'en fais grâce ; toujours est-il qu'il était arrêté, sous clef, injustement, cela va de soi, et qu'il se réclamait de moi et de notre bonne amitié (sic) pour l'aller, coûte que coûte, immédiatement trouver dans sa cellule et l'aider à établir son innocence, moi seul pouvais le sauver, il y allait pour lui de la Nouvelle, sinon de l'Abbaye (L'abbaye de Monte à Regret, l'échafaud, la guillotine).

Cela m'ennuyait au possible, étant donné mon nom et ma demi-notoriété d'artiste ; cette intimité avec un voleur, un assassin peut-être, me semblait un peu raide à aller avouer en plein bureau de police : J'avais heureusement quelques intelligences dans la place, Oscar Méténier (je puis le nommer, Oscar Méténier, le secrétaire intime de M. Taylor et l'une des gloires du Théâtre-Libre, l'auteur de la *Chair*, d'*En famille* et de la *Puissance des Ténèbres*, la si curieuse interprétation de Tolstoï. Je l'allais trouver à la préfecture et, grâce à son obligeance bien connue, deux heures après, j'étais introduit dans la cellule 103 de la prévention, à Mazas.

Il était joli le cas de mon ami Auguste : tout simplement accusé de complicité d'assassinat sur la personne d'une vieille femme, une malheureuse marchande de quatre saisons trouvée égorgée, massacrée dans la nuit du 4 février dans un garni de la rue Croix-Nivert. La misérable transportée dans un état désespéré à l'hôpital Necker ne devait pas survivre à ses blessures.

Les assassins échappaient encore aux recherches de la Sûreté, sauf mon Lebarroil arrêté le surlendemain dans un hôtel meublé de la rue du Vertbois, près des Halles et trouvé, présomption accablante, possesseur de deux billets de banque de cent francs et de cinquante francs d'or ; et trois cents francs étaient la somme volée à la victime, tout son petit avoir. On n'avait relevé, il est vrai, aucune trace de sang sur ses vêtements et sur son linge, mais, interrogé, il n'avait pu donner ni l'emploi de son temps, la nuit du crime, ni la provenance de cet argent, le produit de ses économies de lutteur, prétendait-il, et, la veille de l'assassinat, on lui refusait encore crédit dans une crémerie de la rue Cambronne pour un arriéré de quinze francs qu'il soldait le lendemain même. Enfin sa maîtresse, une fille soumise de la rue d'Aboukir, loin de l'excuser, l'avait chargé avec une violence extrême, alléguant que non seulement elle ne l'avait pas vu cette nuit-là, mais qu'il découchait depuis un mois et que certes il devait brasser une vilaine besogne, puisque depuis un mois elle ne lui avait pas donné un sou.

Il avait beau nier : pour tout le monde, à la préfecture comme pour moi, mon Lebarroil était coupable.

Te dire le cri avec lequel il m'accueillit : « Vous, vous, monsieur Inotey, il y a donc un bon Dieu ! Ah ! je savais bien que vous ne m'abandonneriez pas. »

Il avait essayé de me saisir les mains, mais voyant que je l'écartais doucement et m'obstinais à retirer ma main des siennes :

— Ah ! vous, vous aussi, vous me croyez coupable de ça, de suriner une pauvre vieille ! moi qui ai aussi la mienne, de vieille, (1) mais le bras m'aurait séché plutôt que de faire une chose pareille ! Ah ! monsieur Inotey, vous me crevez le cœur. »

Il était retombé assis sur son banc de cellule

(1) Dans le peuple, vieille se dit pour mère.

et, le front caché dans ses grosses mains noueuses, il suffoquait comme secoué par une vraie douleur.

Je m'étais assis auprès de lui (Méténier avait obtenu qu'on nous laissât seuls) et, posant ma main sur son épaule : « Lebarroil, articulai-je d'une voix ferme, répondez-moi, qu'avez-vous fait la nuit du quatre ?

Aucune réponse, que de sourds sanglots.

Je répétai ma question deux fois, lui laissant un temps pour reprendre possession de lui-même, puis devant un obstiné mutisme, je me levai pour partir.

« Et quand je vous le dirais, s'écriait-il avec un accent déchirant, vous ne me croiriez pas, ni vous ni les autres !

— Parlez toujours, Lebarroil, voyons, je vous attends.

— Hé bien ! la nuit du quatre, pardi, j'ai pailloté (1) avec une gonzesse.

— Votre maîtresse, Irma Frodin ?

J'étais curieux de voir s'il allait mentir.

(1) Paillotté de Paillot, lit, se mettre au lit, coucher, dormir.

— Irma, il y a beau temps que je l'ai plaquée, la rosse, même qu'elle a dû en dévider sur mon compte, une marlouse comme il n'y en pas de marlouses ! non, une autre.

— Une autre et où ça ?

— Où ça, au plat d'Étain, rue du Commerce, u. hôtel de gadoues, ousqu'on loge à la nuit, ah, le maître d'hôtel n'en a rien su, un troquet dans le bas, le couloir donnant sur la rue, elle avait sa clef dans sa poche, nous sommes entrés à dix heures, décanillés à midi... Si j'ai que le témoignage du maître du garno, il est flambé, Auguste. »

Tant de précautions d'avance pour récuser un moignage, mauvais signe.

— Et les deux cent cinquante francs trouvés sur vous, Lebarroil ?

— C'est elle qui les avait casqués, pardi !

— Deux cent cinquante francs pour une nuit, vous vous mettez bien, Auguste.

— Trois fafiots mâles, oui, trois cents francs qu'elle m'avait allongés le matin, la **Mi-Mi**.

— Juste la somme volée à la marchande de la

rue Croix-Nivert ; vous n'avez pas de chance, Lebarroil.

— Pourtant c'est vrai, parole !

— Et le nom de cette femme, de la gonzesse, comme vous dites?

— Son nom! c'te malice, si je savais, je serai-t'y ici?

— Vous ne savez pas le nom de cette femme?

— Pas plus que son état, et son adresse.

— Et vous voulez me faire croire qu'une fille de la rue du Commerce... Vous vous moquez de moi, Lebarroil.

— Quand je vous disais que vous ne me croiriez pas! Ah! je suis un homme fichu; fichu, pauvre bougre, et la pauvre vieille, là-bas! et du revers de la main il écrasait une larme.

— Il ne sera pas dit, me raisonnai-je en moi-même, que je serais entré pour rien dans la cellule de cet homme. Voyons, Lebarroil, répliquai-je à voix haute, songez à votre mère, que votre condamnation va désoler, déshonorer, tuera peut-être ; une maîtresse, surtout une maîtresse d'hôtel garni, cela peut bien se compromettre. Le nom, le nom de cette femme?

— Si je le savais! mais puisque je ne le sais pas!

— Ce n'est pas pourtant la première fois que vous la voyez?

— Non, il y a un mois que nous sommes ensemble.

— Un mois, mais alors vous la voyiez tous les jours?

— Non, deux fois la semaine, tantôt dans un hôtel, tantôt dans un autre, jamais à la même place; oh! elle est arnaude, elle se méfiait. Plus souvent qu'elle me l'aurait donné, son nom et son adresse?

— Alors ce n'est pas une fille, éclatai-je, pris malgré moi à l'étrangeté de cette aventure!

— Ah! si c'en est une, c'en est une de la haute... car elle était frusquée et du linge de dessous parfumé et soigné, oh! comme j'en ai déjà vu, faisait-il avec un orgueilleux clignement d'œil, ces aventures-là nous arrivent encore plus souvent qu'on ne croit, à nous autres... lutteurs et acrobates...

et généreuse, deux ou trois louis chaque fois.

— Et tu ne sais pas même où elle demeure, tu n'as jamais été tenté de la suivre, de savoir...

— Plus souvent, pour qu'elle ne revienne pas! Moi je ne la fais pas au chantage. Je n'écrase pas le poulet dans l'œuf. Dans le métier, nous les connaissons, ces sortes de femmes-là, les passionnées, comme nous les appelons, oh! ça se rencontre! ça n'aime que le voyou, le maillot, le biceps, les nous autres, la canaille... et plus c'est huppé, soigné, fier dans son maintien et sa mise, plus que c'est chaud et caressant dans le pieu (1); quoi, des vraies mômes! Oh! nous ne sommes pas longs à les reconnaître, ça stationne dans les foires devant les parades de lutte, ça fait cercle dans la foule autour du travail en plein vent, sur le pavé des rues, ça va, ça vient, ça rode et ça n'a l'air de rien, mais un coup d'œil de coin, c'est amorcé, ça y est... à un battement de paupière, à un sourire... Compris. On s'écarte un peu de la foule, on se rencontre dans un coin, chez un chand de vin ou derrière une baraque, on prend rendez-vous... et

(1). Le lit.

voilà. C'est une aubaine pour nous de cent sous, de dix francs, d'un louis ou de quatre louis, tout ça dépend des béguins et des bourses; les petits bénéfices du métier. Ah! c'est pas la première fois!

— Et cette femme, celle de la nuit du quatre, la dernière, interrompai-je, intéressé.

— Oh, celle-là, elle m'a levé comme ça, il y a un mois, près de l'Arc de Triomphe, un jour du mois dernier, que je postichais en maillot avec Robine et le Lyonnais à l'entrée de l'avenue de la Grande-Armée, sur la place de l'Étoile, ç'a été vite fait, rendez-vous le soir même, place de la Bastille... La nuit, nous avons couché dans un garno du faubourg Antoine, et une chouette gonzesse, monsieur Inotey, comme on en voit rarement, même dans les voitures; une peau de satin et deux satanés quinquets qu'elle m'en réchauffait jusqu'aux moelles. Et passionnée, je l'aurais mangée; quelles sacrées nuits nous avons passées là, monsieur Inotey, vrai, ça vaudrait presque le coup de la guillotine, si on n'était pas au fond un honnête homme et si l'on n'avait pas une vieille femme de mère là-bas, à Ménilmontant, rue du Chemin-Vert.

— Et généreuse?

— Généreuse! je vous l'ai dit..., deux, trois, quatre louis à chaque séance!

— Et trois cents francs à la dernière », et je ne pouvais réprimer un sourire.

— Parole d'honneur, comme je vous l'ai dit. Elle m'a jaspiné qu'elle quittait Paris... quand elle habiterait la province...parce que, voyez-vous, au lit, à certaines manières, j'ai bien vu qu'à n'avait pas des habitudes de traînées, ça ne doit pas être une Parisienne. « Tiens, qu'elle m'a dit, v'là trois cents francs; quand je reviendrai, sois un peu frusqué que nous puissions aller dîner quelque part et de là passer la soirée ensemble; voilà cent francs pour tes huit jours, deux cents francs pour tes habits et surtout, qu'elle a ajouté, ça en devient triste quand j'y pense, ne vas pas assassiner quelqu'un, Auguste », et voilà la vérité vraie, monsieur Inotey, comme je vous le dis.

— Et partie sans laisser d'adresse; pas de chance, décidément, mon pauvre Lebarroil. »

Et je me levai. Je jugeais que j'en avais assez entendu; le lutteur ne s'était pas mépris, lui, sur le sens de ma sortie.

— Vous ne me croyez pas, vous ne me croyez pas, vous non plus?

Il avait pris à poignée ses rudes cheveux ébouriffés et se secouait éperdument la tête.

— Indiquez-moi le moyen de la retrouver, cette femme. Alors je vous croirai, Lebarroil.

Et je me dirigeais vers la porte.

— Où la retrouver! où la retrouver! voilà... Ecoutez, il y a bien un moyen, mais voulez-vous faire cela pour moi? Vous seul pouvez le faire, car, oh cela, pour rien, pas même pour trois mille balles, je ne voudrais mettre *ceusses* de la rousse là-dedans... Je veux pourtant pas que vous me croyiez un chourineur, un estourbisseur de vieilles femmes... Voilà, écoutez bien.

La gonzesse... J'ai rendez-vous demain avec elle, c'est ce soir qu'elle rentre à Paris. Voulez-vous y aller à ma place? Je vas vous donner son signalement, mais gardez ça pour vous, hein? Pas un mot aux argousins de la boîte, vous irez à ma place, l'aborderez carrément et lui direz ce qu'il en est, la vraie vérité, quoi! qu'elle seule peut me tirer de là. Elle n'a qu'à venir dévider son jars chez le *curieux* ou devant le commissaire. Mais le voudra-t-elle, arnaude comme elle est? En tout cas, monsieur Inotey, ne la forcez pas, expliquez-lui bien la chose, mais ne la violentez pas... si elle voulait pas... hé bien, Auguste s'en passerait; son secret est à elle, à cette femme, et je voudrais pas qu'il lui arrivât du mal à cause de moi. »

J'avais saisi la main de Lebarroil « Et où ce rendez-vous?

— Demain soir de sept à huit, nous devions dîner ensemble, au coin de l'avenue Bosquet, auprès du pont de l'Alma, station des omnibus *Pont de l'Alma-Bastille*; oh, vous la reconnaîtrez facilement, toujours en noir, très simple, mais chic, mince avec de la gorge, une taille d'actrice de grand théâtre, une jolie mourre toute pâle avec des grands quinquets, deux yeux flambants et doux, qui lui mangent la figure... et puis vous la reconnaîtrez à son air, l'air d'une femme qui attend et à sa bouche donc, et il se frappait subitement le front, elle a une bouche comme personne, des lèvres rouges, rouges comme du sang.

— C'était la femme d'hier ?

— Oui, le domino de cette nuit, mon inconnue ; mais, faisait Inotey en regardant à sa montre, le temps passe, abrégeons.

Le lendemain, vers sept heures et demie, je faisais arrêter mon fiacre un peu avant la station du pont de l'Alma et là, je n'avais pas besoin d'un long examen pour reconnaître debout, sur le seuil du bureau d'omnibus, prête à ouvrir son parapluie contre l'ondée battante, la femme signalée la veille.

A défaut de ses étranges yeux noirs et de la tache sanglante de sa bouche, son air préoccupé la désignait assez à mon attention. J'entrai dans le bureau et me plaçant derrière elle : « Madame, lui murmurai-je très bas, mais très distinctement, à l'oreille, Auguste Lebarroil, le lutteur de la place de l'Étoile, ne viendra pas ce soir au rendez-vous que vous lui avez donné ici. » Elle s'était retournée avec un indicible effroi de toute la physionomie. « Monsieur, je ne comprends pas... je ne, » voulait-elle balbutier et, défaillante, les yeux désespérément fixés sur mes yeux, elle faisait un pas pour sortir. C'était elle.

Je la poussai doucement dehors.

— Madame, continuai-je en marchant cette fois à ses côtés, Auguste Lebarroil est depuis huit jours en cellule à Mazas; il est prévenu de vol et d'assassinat sur une vieille femme, trouvée égorgée le cinq février au matin, dans un garni de la rue Croix-Nivert; le crime aurait eu lieu dans la nuit du quatre. Cette nuit, Auguste Lebarroil l'a passée à l'hôtel du Plat-d'Étain, rue du Commerce, avec une personne que vous connaissez, Madame : la plus grave présomption relevée sur Lebarroil est une somme de deux cent cinquante francs trouvée sur lui le jour de son arrestation, le surlendemain du crime. Cette somme, vous savez, Madame, qui la lui a donnée ? Votre seule déclaration peut sauver cet homme, il y va pour lui du bagne, sinon de la guillotine; à vous, Madame, d'en décider ; je suis à vos ordres.

— Mais, monsieur, je ne sais... pas, je ne peux pas...

— Veuillez remarquer, Madame, que je ne sais

pas qui vous êtes, que je ne cherche pas à le savoir. Moi, voici ma carte. Lebarroil a posé chez moi comme modèle ; au moment de son arrestation il n'a trouvé que moi dont il pût se recommander ; j'ai couru de suite à son appel. Si je suis venu vous trouver ici ce soir, si j'ai pu vous y trouver, c'est sur ses indications et sur sa prière. Vous seul pouvez établir un alibi, expliquer la provenance de la somme saisie sur lui : sans votre déclaration (Lebarroil et moi ignorons qui vous êtes), ni commissaire, ni tribunal ne peuvent croire la vérité ; pour tout le monde Lebarroil est coupable, il sera condamné. Une fille publique sauverait son amant ; voyez, Madame, ce que vous avez à faire...

— Alors il vous a dit...?
— Tout.
— Le misérable !
— Et que vous importe, Madame ! nous ne savons pas qui vous êtes, et je vous donne ma parole d'homme d'honneur que je ne me soucie pas de le savoir ; je remplis un devoir, voilà tout.

— Vous devez bien me mépriser, Monsieur?

— Jusqu'ici, je vous ai plaint, Madame.

— Ah ! — et toute sa pâleur devint rose, — et que faudrait-il faire pour sauver ce garçon?

— Monter dans ce fiacre, qui va nous conduire à la préfecture, me suivre dans le bureau du commissaire central et y faire votre déposition.

— Et y donner mon nom, mon adresse?

— Oh ! cela, c'est plus que probable, je ne puis vous le cacher.

— Ah! cela non. Jamais. C'est impossible, impossible, impossible. »

Elle marchait sous l'averse, mordant convulsivement son mouchoir, les yeux fixes à travers ses larmes ; j'avais pris le manche du parapluie et c'était moi qui l'abritais ! Oh! cette promenade de long en long dans la nuit de ce quai désert, sous cette glaciale ondée de février, cette promenade qu'on aurait dit galante, sinon amoureuse, et où se débattait presque la vie d'un homme.

— Mais c'est me perdre, faisait-elle en s'arrêtant, vous me perdez, Monsieur, vous me perdez vous me perdez!...

— Eh bien ! n'en parlons plus, Madame, c'est ce garçon qui sera perdu.

Elle tressaillait, me cinglait d'un regard noir, puis d'une voix rauque :

— Allons, Monsieur, où est donc votre fiacre ? partons, mais de grâce faites vite, je vous suis.

Je m'installai à côté d'elle et refermais sur nous la portière : pas un mot durant le trajet. A la Préfecture, Méténier, prévenu par moi dans la journée, voulait bien nous faire aussitôt passer dans son cabinet : ma compagne s'y chauffait les pieds sans desserrer les dents ; dix minutes après elle était invitée à monter à l'étage au dessus et à venir faire sa déclaration entre les mains du commissaire central ; depuis notre entrée elle avait baissé son voile : avant de sortir, elle le relevait et, passant devant moi, avec un bref salut.

— Vous êtes un homme d'honneur, m'avez-vous dit, Monsieur. Vous vous engagez à ne jamais chercher à me connaître où à me reconnaître.

— Je m'inclinais. Ce fut tout : la traîne de sa robe de faille, qu'elle laissait maintenant tomber à grands plis, ondulait avec des sinuosités de serpent dans l'entrebaillement de la porte, je ne devais plus la revoir.

Le surlendemain Lebarroil était mis en liberté et m'accourait, tout chaud, à l'atelier : dès le seuil je lui déclarais froidement que je rompais tout rapport avec un homme aussi chèrement aimé des femmes, j'intimai l'ordre au concierge de ne plus le laisser monter et j'ai fini par être débarrassé de ce cauchemar.

— Mesure un peu tardive... Et la femme? Jusqu'ici je vois une hystérique, une hystérique assez consciente même et assez prudente et manégée dans ses imprudences... mais rien de plus.

— La femme..... Méténier, rencontré quelques jours plus tard, m'abordait avec un singulier sourire. « La forcer à faire relâcher son amant, tu as dû bien la contrarier, la femme aux lèvres rouges » et comme je me récriais : « Oui, la dame aux lèvres rouges » ; elle est inscrite sous ce nom sur nos registres de police ; très connue de nos agents et.... ce qu'elle nous donne souvent de fil à retordre, car nous la protégeons ; elle a un instinct singulier, cette femme. Quel policier elle aurait fait, elle a le flair et l'odorat du crime....»

— Inscrite sur vos registres, mais alors c'est une....

— N'as-tu pas donné devant moi ta parole d'homme d'honneur de ne jamais chercher à la connaître ou à la reconnaître? C'est surtout un curieux cas d'étude pathologique; bonsoir », et Méténier me quittait avec son habituel et irritant sourire d'homme informé, qui n'en veut pas dire plus.

— Une mystification!

— Attends. Un mois plus tard, oui le huit, la nuit même de la mi-carême, éclatait le drame de la rue Montaigne, le triple assassinat de Marie Régnault et des femmes Gremeret : Je ne reviendrai pas sur ce crime, on en a assez rebattu nos oreilles. Paris pendant cinq mois a vécu sur les performances de Pranzini et les lettres de ses femmes du monde. Cet étalage d'horreurs si complaisamment détaillées dans toute la presse et dans tous les kiosques, me laissait, moi, assez froid : je n'allais même pas voir juger le misérable, lors des fameuses assises, et son exécution, de jour en jour ajournée, ne m'attirait pas davantage. J'étais pourtant à Paris dans le moment, dans Paris pendant une semaine émigré chaque nuit place de la Roquette et pendant une semaine déçu de son attente de chaque matin; le boulevard commençait même à s'impatienter fortement de cette éternelle partie remise au lendemain : c'est alors que je rencontrai Méténier devant le Tortoni, et me faisant l'écho de l'opinion publique :

— Eh bien! vous n'en finirez donc pas avec ce misérable; la presse en a assez, vous savez, de danser depuis huit jours devant la tête de Pranzini : M. Deibler ne se décide donc point! on ne dérange pas les gens pour rien toute une sainte semaine. On la sifflera, votre première!

Méténier s'était arrêté, souriant.

— Est-ce que tu serais par hasard du petit voyage? Désolé, mon ami, tous mes regrets. Ce cher Inotey, qui a passé la nuit pour rien!...

— Moi! Détrompe-toi, mon cher; je n'ai que faire d'aller assister à ces petites fêtes macabres, les enterrements ordinaires me suffisent.

— Et c'est un tort, souriait Méténier de son sourire le plus aimable, très curieux, et puis tu te serais trouvé là en pays de connaissance. Le numéro quatre de la rue de la Folie-Regnault entre autres? On est très bien là pour voir, un restaurant au rez-de-chaussée, des salons au premier ; on peut souper, on est très bien, très bien ; vas-y, tu m'en diras des nouvelles.

— C'est sérieux, ce que tu me dis là?

— Tout ce qu'il y a de plus sérieux; vas-y, je puis t'affirmer que ce sera pour cette nuit.

Et voilà, mon cher ami, comment j'allai le vingt-trois août voir exécuter Pranzini, place de la Petite-Roquette, exécution à laquelle je te rencontrai... Donc, inutile d'insister. Quant au numéro quatre de la rue de la Folie-Regnault, un mastroquet de barrière, bondé dans le bas de reporters et de petits journalistes, au premier des filles du Peters et de chez Sylvain venues en bande du boulevard et s'écrasant dans l'embrasure des fenêtres : du champagne, de la charcuterie, des cris et des rires, des poignées de main distribuées à tort et à travers; des « Hé! Inotey! » par ici, des « Hé! Inotey! » par là, tout ce qu'il y a de plus banal et de moins recueilli devant cette grande tragédie de la mort. Ecœuré, je m'étais mis dehors sur le trottoir, renonçant même à entrevoir quelque chose entre les créneaux des têtes et des épaules, quand, à un mouvement se produisant dans la foule et me bousculant jusque sur la chaussée, je m'insurgeais et élevais à la fois et ma canne et la voix : deux femmes essayant de se faufiler chez notre marchand de vins causaient tout cet émoi; c'était à qui se presserait et s'écraserait les coudes au lieu de leur livrer passage : « C'est la maîtresse du condamné, chuchottait-on autour de moi. — Madame Sabattier? — Non, l'autre, la femme du monde. »

Intrigué, je m'avançai à mon tour. Trop tard. La femme touchait enfin au port. J'arrivai juste pour voir l'ondulation noire de sa robe serpenter et disparaître.

— Qu'est-ce que cette femme? demandai-je avisant Adnie le journaliste.

— Ah oui, la dame en noir, la dame aux cinq louis de location de fenêtre... un vrai revenu, que se fait là le cabaretier. Une femme qui depuis neuf jours vient tous les matins à heure fixe pour voir fonctionner la petite machine. Sa croisée est retenue dans une pièce du premier, pour elle et sa compagne, sans doute sa femme de chambre : cent francs par jour. Une première loge qui se solde aujourd'hui par un billet de mille, c'est assez coquet : ça doit être une princesse russe, la dernière princesse russe de monsieur Cherbuliez.

— Et l'opinion dit?

— Des bêtises. Pour les uns c'est une maîtresse du condamné, pour les autres une amie trop intime de Mme de Montille; pour moi ce n'est qu'une curieuse, quelque grande ennuyée à la recherche d'un frisson nouveau, d'une sensation inconnue, lécheuse de guillotine par oisiveté, dépravation, que sais-je... Veux-tu la voir? J'ai ma jumelle de théâtre. En nous reculant un peu... je connais la fenêtre. »

Mais allez donc circuler dans une pareille cohue. Nous faisions bien notre trouée, bousculés et injuriés à chaque effort, mais pas assez en avant sur la place pour pouvoir apercevoir la fenêtre, et

quand je voulais revenir sur mes pas, curieux
d'entrevoir la *grande ennuyée* à sa sortie, impossible alors de bouger, emboîtés que nous étions
dans la foule et, quand trois quarts d'heure après,
la glabre tête du condamné une fois tombée dans le
panier de son, je regagnai le marchand de vins de
la rue de la Folie, la dame aux cinquante louis,
n'était plus là, partie, évanouie... et dire, mon
cher, que pas une seconde alors je ne songeai à la
femme de Lebarroil, à la dame aux lèvres rouges
et qu'étrange coïncidence (ce que c'est que de
nous et des analogies de nos idées) à l'Opéra, cette
nuit, il n'a fallu qu'une traîne de satin noir ondu-
lant d'une certaine façon sur les marches d'un
escalier pour évoquer soudain dans ma pensée et
certaine sortie de femme d'un cabinet de la préfecture et certaine entrée de femme chez un marchand
de vins de barrière dans le petit jour blafard d'une
matinée d'exécution ! Oui, mon cher, j'étais là, accoté
à la rampe, causant avec toi de choses indifféren-
tes... passe un domino, sa jupe ondoie et bruit
d'une certaine façon sous son camail de soie,
et brusquement je vois mon inconnue sortir,

onduleuse et furtive, de chez le secrétaire de
M. Taylor pour monter déposer chez le commissaire central; brusquement la pseudo maîtresse de
Pranzini m'apparaît se glissant, frissonnante et
craintive, dans le rez-de-chaussée du quatre de la
rue de la Folie... et c'était elle, mon cher, et
partout la même femme. Mon inconnue a été,
j'en suis sûr, la maîtresse de Pranzini. Pourquoi
pas! elle a bien été celle de Lebarroil; les deux
hommes se valent, mêmes mœurs, même milieu.
D'ailleurs, tu as été témoin, comme moi, de son
trouble quand j'ai parlé de la Roquette et puis
après, elle me l'a presque avoué. Sans se trahir
elle m'en a confessé long, cette nuit à l'Élysée-
Montmartre, la dame aux lèvres rouges; elle parlait en toute confiance, tout à fait rassurée maintenant. Oh! elle m'a édifié et le plus affreux de toutes
ses confidences, ce n'est pas encore ce qu'elle a
bien voulu dire, mais ce que j'ai cru deviner et
comprendre.

Oui, cette femme bien née et (là déjà commence
l'horrible) cette femme qui, j'en suis sûr, a derrière
elle une famille honorable et, peut-être qui sait, un

mari, des enfants, oui, cette femme est non seulement la rôdeuse équivoque qu'on rencontre la nuit au coin des rues suspectes, dans les lointains Grenelle, autour des Abattoirs, dans les plus bas quartiers de Paris assassin, de Paris voleur, de Paris perdu, non seulement cette femme est le joli profil de vierge qu'on est parfois tout stupéfait de voir surgir du couloir à treillage d'un meublé de banlieue, la Messaline éhontée, brisée, mais non rassasiée, *lassa, sed non satiata* affamée de noces crapuleuses et d'amours hasardées, la patricienne féroce et délicate à qui il faut des caresses de brute salées de coups de botte et de gros mots de voyou, elle est pis, elle est la femme qui, à la cour d'assises, va voir condamner son amant à mort, curieuse de l'impression qu'elle en ressentira dans son être et puis qui, mise en goût de voluptés, va le voir ensuite exécuter place de la Petite-Roquette ; l'impression du couperet après celle du verdict. Elle est la goule qui, mangeant de baisers la tête de l'homme qui pâme et râle entre ses bras, se grise à la pensée qu'un jour ou l'autre l'acier de la guillotine entamera cette tête ; elle est celle qui, pour aimer sûrement un futur assassin, futur client de M. Deibler, va chercher ses amants dans les bouges de Saint-Ouen, dans les baraques de luttes, les tapis-francs et les repaires, celle qui déprave à coups de billets de banque ses mâles d'une nuit et leur dit à l'aube en les quittant : « Surtout ne vas pas assassiner quelqu'un, Auguste », avec l'intime espoir au cœur qu'ils surineront dans quelques jours. Elle sait où les revoir, la dame aux lèvres rouges, place de la Roquette, vis-à-vis de la fameuse fenêtre ; elle est la petite sœur des pauvres de la dernière heure, celle qui accueille de loin, et le dernier regard des condamnés à mort et de loin les console de son rouge sourire : ses baisers ont comme un goût de sang, d'où l'écarlate de ses lèvres.

Les têtes des exécutés ses amants, si elle pouvait, elle irait, j'en suis sûr, elle irait comme le fit jadis une princesse de Valois pour un seigneur de la Mole, elle irait, déjà exsangues et raidies, les tirer du son grumeloté du panier et les baiser longuement sur les lèvres, leurs lèvres de suppliciés déjà froides et bleues. Le marquis de Sade

17

raffinait la volupté de la Souffrance, la Dame aux lèvres rouges exalte la volupté de la Mort. C'est la dame aux intentions sûres qui assaisonne l'amour des affres du péril, ce piment enragé, et des angoisses de la guillotine, cette âpre cantharide ; c'est la buveuse d'agonies qui déprave, corrompt et moralement assassine et finira d'ailleurs un jour assassinée... La pauvre créature... Et dire qu'il est, je ferais le serment, une petite ville du centre ou de l'ouest, où cette femme est une honnête femme de province, fréquentant les églises et vivant en famille !

L'ÉGRÉGORE

L'ÉGRÉGORE

Dans le parc au noble dessin,
Où s'égarent les Cydalises,
Parmi les fontaines surprises
Dans le marbre du clair bassin,

Iris que suit un jeune essaim,
Philis, Eglé, nymphes éprises,
Avec leurs plumes indécises,
En manteau court, montrant leur sein,

Lycaste, Myrtil et Sylvandre
Vont, parmi la verdure tendre,
Vers les grands feuillages dormants.

Ils errent dans le matin blême,
Tous vêtus de satin, charmants
Et tristes, comme l'Amour même.

Le jeune homme, assis devant le clavier, plaquait un accord plaintif et charmant comme le dernier vers même : la femme qui venait de détailler la mélodie, reprenant par contenance son éventail de plumes posé sur le piano, l'appuyait, comme bâillant à demi, sur le coin de ses lèvres ; et c'était maintenant dans le grand salon bleu et or, tout tendu de tendres soieries japonaises balafrées de branches de pêchers en fleurs et de grands vols zigzaguants de cigognes, c'était un bruissement de raides étoffes craquantes, des chuchotements discrets de femmes énamourées, des « ah! ah! délicieux » sirotés par de petites voix mielleuses, des *bravo, brava*, tapotés aux paumes des mains gantées, tout le caquetage admiratif et flatteur, édulcoré de maniérisme, en usage dans un certain grand monde.

Debout dans leurs traînes de bal s'étageant à plis droits derrière elles, un peu à la façon de jolis serpents dressés sur leur queue, le corsage incliné dans une pose offerte, les femmes avaient fait halte autour des exécutants et, au milieu de l'incessant va-et-vient des éventails et de jolies attitudes et de gracieux mouvements d'épaules et de bras nus qui se savent regardés, les questions se croisaient insignifiantes, mais sur des modulations exquises :

— Les adorables vers ! De qui?

— De M. de Banville, répondait la chanteuse.

— Ah! M. de Banville, ma chère, l'auteur de la *Femme de Socrate*. . . . .

Vous vous rappelez, ma chère, nous l'avons vu trois mardis de suite aux Français.

— Parfaitement; Sam ry avait une charmante robe rouge.

— Je m'en souviens... Cette pauvre Samary !

— Et la musique? pépiait une autre voix, de Messager, n'est-ce pas?

— Messager, l'auteur des *Deux Pigeons* !

— Pardon, intervenait alors l'accompagnateur en achevant d'éponger la sueur d'un front extraordinairement pâle, l'auteur est ici, là-bas, au fond du salon.

Et toutes les nuques, les blondes et les brunes, de virevoleter en arrière... Oh ! le joli mouvement tournant et quel ensemble dans l'exécuté !

— L'auteur. Mais c'est Hermann, ce cher Hermann. Et toutes les robes de s'envoler. Toutes ces dames sont maintenant à l'autre extrémité du salon où d'autres femmes, plus mûres et plus initiées, accompagnées de calvities mâles à mine grave complimentent un jeune homme imberbe et svelte, aux membres longs; lequel sourit, ondule et hoche la tête, le visage éclairé par deux singuliers yeux noirs, du noir luisant et froid de ses cheveux frisés, lustrés, calamistrés, gras de pommade.

C'est un abandon, une complète désertion.

Oh le significatif haussement d'épaules de la chanteuse, demeurée debout auprès du grand Érard à queue, et le mince sourire de ses lèvres touchées de fard : elle chuchote à son compagnon je ne sais quelle impertinence qui le fait lever de son tabouret et sourire, lui aussi, d'un mystérieux sourire ; puis, prenant un rouleau de musique jeté là parmi les partitions, des feuillets épars, elle le déroule, le pose grand ouvert devant son accompagnateur, lui désigne une mesure dans le bas d'une page, et, tout en lui tamponnant les sueurs du front avec un mouchoir de batiste, chantonne à mi-voix le passage difficile, tandis que lui l'accompagne en sourdine, presque du bout des doigts. Ils répètent évidemment.

« Le frère et la sœur » me murmurait à l'oreille l'électricien Forbster retrouvé là par hasard, la comtesse de Mercœur et le marquis de Sarlys, tous deux passionnés de difficultés mélodiques, de symphonies en ut et d'opéras de Wagner, d'ailleurs musiciens tous deux comme la musique. La comtesse possède une des plus belles voix de l'Europe ; toute laide qu'elle est avec ses maxillaires avancées et sa face de morte, elle enlèverait la salle de l'Opéra, même un soir de première. Ah ! si elle voulait, elle aurait deux cent mille francs par an chez Gailhard, oui, chez Gailhard lui-même. Mais voilà, elle ne veut pas. Le frère a un talent de pianiste ordinaire, mais c'est le cas pathologique de la famille.

— Encore un cas pathologique !

— Ou fantastique, comme vous le préférerez. Le macabre ici nous entoure : nous côtoyons sans nous en douter (vous du moins) une des plus noires histoires d'Hoffman. Le marquis de Sarlys, que vous voyez là en train de faire répéter sa sœur. Charles Bertrant de Vassenage, marquis de Sarlys et comte de Baudemont, gentilhomme affligé de cent quarante mille livres de rente en terres, membre du Jockey, de l'Impérial et de l'Union propriétaire, il n'y a pas six mois, d'une écurie de courses qu'il vient de vendre, et, il n'y a pas six mois, responsable éditeur de Luce Lurcy Ville, du Gymnase, qu'il vient de quitter, est bel et bien en voie de s'épuiser et de s'éteindre à l'âge de vingt-huit ans, en pleine force de santé, sous l'influence d'un Égrégore.

— Un Égrégore, qu'est-ce que cela, bon Dieu! Je connais de réputation le vampire, la goule, la lamie, l'incube et le succube, mais l'Égrégore m'échappe, je l'avoue à ma honte. Égrégore, la jolie rime, à Mandragore, est-ce que cela fleurit aussi sous les gibets!

— Pas tout à fait. Cela pousse ordinairement dans le terreau de cimetière, a sa racine au cœur d'un bon cercueil; quant à la fleur, cela s'épanouit un peu partout en ce bas monde, au beau milieu de ce salon, par exemple, où nous en comptons deux.

— Deux Égrégores. Je cours prendre ma pelisse au vestiaire, je ne demeure pas ici une minute de plus. Non, le monde devient par trop dangereux.

— Vous n'êtes pas en péril; je vous préviendrai. Mais regardez-moi ce pauvre Sarlys. Voyez ces yeux creusés, fébriles, étincelants dans leur cerne bleuâtre, cette pâleur moite d'une perpétuelle sueur froide, cette physionomie d'agonie haletante et meurtrie, ce masque douloureux d'hystérique extasié. Eh bien, depuis six mois, ce garçon, que j'ai connu fort, sanguin, bien portant, beau joueur, plus beau coureur, joyeux vivant et de toutes les fêtes, de toutes les chasses, depuis six mois ce garçon vit sans maîtresse, n'a pas touché une carte; lui, centaure enragé, monte à peine à cheval une heure encore par jour, ne chasse plus, ne soupe plus, ne paraît plus au cercle et, pour tout dire, hélas! se consume, se vide, s'épuise et se meurt devant des partitions d'opéra, des symphonies, des cantates, rivé sur un tabouret de piano entre Hermann Barythine, le si sympathique jeune maître, et la marquise Annette de Mercœur, née Sarlys, sa sœur.

— Et l'Égrégore?

— Est Barythine, ce cher Hermann, comme roucoulent ces dames avec leur petite voix de tête.

Regardez-le, lui aussi, svelte, mince, élancé, les formes onduleuses d'un lévrier de race... lévrier ou renard. Sur cette élégante armature de squelette, cette tête rose, imberbe, presque adolescente, Barythine a trente ans; hein! dites, qui le croirait. Cet éphèbe est l'aîné du marquis de Sarlys. Me direz-vous le secret de cette inquiétante jeunesse... Le moyen âge, lui, le savait. Oh! la tête est fine, féminine même; le nez est délicat, la bouche ciselée, mais incisive, étroite, une bouche faite pour mordre et d'un rouge de sang... Oh! ce rouge indicateur! Hermann Barythine vit aussi sans maîtresse, loin des salles d'escrime et des clubs: invisible le jour, cloîtré dans son splendide hôtel de la rue Bassano, où il annote à l'orgue, au piano, sur le violoncelle ses bizarres compositions. Le soir, la nuit, correct et souriant, il va recueillir de salon en salon les applaudissements et les bravos pâmés des femmes: le monde s'en est engoué; c'est le maître à la mode. Chaque nuit, cette nuit ici, demain soir là-bas, il triomphe dans le monde, remorquant à sa suite ce pauvre Sarlys, qui ne peut plus le quitter, pris au pouvoir d'un charme véritable; Sarlys, qui s'obstine et s'exténue chaque nuit à interpréter, accompagner et faire valoir ses œuvres; Sarlys et la marquise de Mercœur, sa sœur, autre Égrégore, elle aussi, dans son genre, mais inconsciente encore du rôle fratricide qu'elle joue dans cette aventure meurtrière.

— Assez intéressante, cette petite histoire... mais les preuves!

— Les preuves... que vous faut-il de plus! La passion irraisonnée, subite et déroulante de Sarlys, ce clubmann, ce sportsman musclé et viveur, pour le talent alambiqué de ce Barythine, ce Polonais inconnu, de noblesse et fortune obscures, le trop joli et trop jeune Hermann Barythine, cet être énigmatique et rien moins qu'inquiétant avec son sexe trouble et son âge équivoque.

— Alors l'Égrégore...

— Ne s'attaque qu'à son sexe... et tout différemment que la goule, l'incube ou le vampire; leur œuvre maléficieuse, à ceux-là, s'explique d'elle-même; c'est sous leurs baisers, sous le feu maudit de leurs savantes caresses qu'ils font fondre, comme cire, la chair et la santé des vivants;

leur alcôve est le creuset du diable. L'incube épuise et tue de voluptés sa maîtresse; le succube aspire et boit la vie de son amant; l'un et l'autre ont ici-bas pour complices et l'attraction des sexes et l'éternelle luxure. Mais l'Égrégore, oh! c'est tout autre chose : c'est l'insensible et délétère influence d'un être de ténèbres, d'un mort ou d'une morte s'installant auprès de vous sous l'aspect d'un vivant, s'insinuant dans votre vie et vos habitudes, s'immisçant dans votre cœur, dans vos admirations et y prenant une odieuse racine, vous soufflant de sa bouche damnée une passion fatale, une folie quelconque, folie d'artiste ou d'amateur, et d'étapes en étapes, sous sa hallucinante et fascinante obsession, vous couchant un beau soir dans le froid d'une fosse... Le moyen âge est plein d'histoires d'Égrégores. A Madrid, on en brûlait au moins huit à dix par hiver; mais le pays de l'Égrégore, c'est, par excellence, l'Autriche, la Pologne, la Russie, la Bohême, la patrie de Barythine. D'ailleurs, en voulez-vous ici-même un exemple? Allez demander, comme si rien n'était, au marquis de Sarlys ce que va chanter la comtesse de Mercœur. Allez, je vous expliquerai après. »

J'allais le plus courtoisement possible m'enquérir auprès du piano de la prochaine romance de la comtesse : l'*Adieu* de Barythine, m'était répondu !

— Toujours du Barythine, souriait Forbster ; maintenant je vais de ce pas aborder le jeune maître et, tout en le complimentant, insister sur la joie que m'a procurée certaine romance de lui, intitulée *Éros*. Si, après ces trois mots d'entretien que je veux bien d'ailleurs avoir devant vous, le marquis et la comtesse, après avoir annoncé l'*Adieu* et sans avoir eu de communication avec Barythine, exécutaient l'*Éros*, qu'en dirait votre incrédulité, monsieur?

— Faites, je m'en rapporte à vous ; inutile de vous suivre. »

Forbster me quittait, allait saluer le jeune musicien errant, toujours très entouré, de groupe en groupe ; l'électricien et lui échangeaient quelques mots ; presque au même instant la princesse Narmof, la maîtresse de céans, ayant réclamé le silence, Sarlys plaquait au piano une série d'étranges et très poignants accords et, sur un accompagnement sourd et grondant comme un lointain orage, la comtesse de Mercœur, toute droite et toute pâle, attaquait d'une voix de contralto calme, posée, superbe

> Debout dans la clarté fulgurante des cimes,
> Le fier chasseur Eros, le meurtrier des cœurs,
> Resplendit, flamme pure, au-dessus des abîmes
> Et lance autour de lui ses traits sûrs et vainqueurs.

— Fixez maintenant Barythine, Sarlys et sa sœur, et surtout regardez bien leurs lèvres. »

Les yeux fixes, dardés sur ceux du musicien, posté droit devant elle, la comtesse reprenait

> Le trait sonne à travers l'immensité sublime,
> Et sous l'éclat du ciel implacable et moqueur
> Une goutte de sang, rouge étoile du crime,
> Tombe aux pieds nus d'Eros, large comme une fleur.

« Oh, faisais-je en étreignant à le faire crier le bras droit de Forbster! j'étais épouvanté de ce que je venais de voir... La romance d'*Éros* s'achevait sur les trois derniers vers :

Et le soleil se couche, et l'aurore immortelle
Se lève, Eros est là, dans la gloire éternelle,
Sous les gouttes de sang, parmi les flèches d'or.

Les applaudissements éclataient.

J'avais un soupir de soulagement, l'étrange vision avait cessé... Terrifiant cauchemar, tandis que la comtesse chantait comme fascinée par Barythine, j'avais cru voir distinctement et j'ai encore la conviction d'avoir vu la bouche de la chanteuse et celle de Barythine se renfler un peu et rougir, devenir écarlates, tandis que les lèvres de ce pauvre marquis blanchissaient, blêmissaient dans sa face tout à coup souffrante, blêmissaient blanchissaient comme vidées de tout le sang dont se gonflaient celles des autres... La romance terminée, le phénomène cessait... mais j'avais bu tant de Château-margot au dîner de la princesse ce soir-là.

LE MÉNAGE NAURETALE

(SOIRS DE PARIS)

LE MÉNAGE NAURETALE

« Ah ça, mon cher, tu n'as pas la main heureuse ! Quelle gaffe as-tu encore commise hier à l'Opéra ? Un des plus beaux hôtels de Paris, une maîtresse de maison charmante, un des derniers salons où l'on cause sans empoisonnement préalable, car la chère y est exquise. J'allais t'y faire inviter à dîner, tu devais être de la première liste. Je te présente il y a un an, tu ne déplais pas : tu consens à ne pas parler littérature et à ne pas être homme d'esprit. La comtesse t'estimait même assez, le comte te trouvait de moyenne force au whist, et même, sorti de chez eux, dans la rue, le marquis de Moreux te rendait ton salut... Encore un stage de dix mois et tu étais de la petite intimité. Mais aussi, quelle idée hier à l'Opéra !

Et Lacroix-Larive, le beau Lacroix-Larive, les épaules en porte-manteau dans son long pardessus bleu encre, à la dernière mode, flottant lâche et trop large, tapotait du bout de sa badine le bout carré de ses souliers vernis, et là, sur ce coin de trottoir de la rue Royale, se dandinait sur place, souriait dans sa barbe frisée et brillante, les dents très blanches entre ses lèvres épaisses et trop grasses, l'œil narquois et la paupière plissée sous son chapeau haut de forme à bords plats, pourri de chic et de gifflable impertinence, sûr de lui à le battre et à le lui crier.

Mais lui chercher querelle! j'en étais à cent lieues. Ce qu'il venait de m'apprendre m'avait atterré.

— Hier, à l'Opéra! balbutiai-je, sans trouver.

— Oui, hier, à l'Opéra, à *Don Juan*... Qu'as-tu fait hier à l'Opéra? N'as-tu pas été au premier entr'acte saluer Mme de Nauretale dans sa loge?

— Si fait, j'ai été lui présenter mes hommages, et très correctement, je t'assure.

— Et tu lui as?

— Et je lui ai...

— Présenté autre chose que tes devoirs. Mon cher ami, voyons, rappelle-toi.... quelle mémoire gâteuse !

— Ah ! oui, j'y suis. Oui, je lui ai présenté le baron de Smorfsen. Eh bien !

— Ah ! nous y voilà donc !

— Comment le baron de Smorfsen, Christian de Smorfsen, le nouvel attaché à l'ambassade suédoise, n'est pas un garçon qu'on puisse présenter !

— Si fait, si fait... mais pas à l'Opéra, un jour d'abonnement, devant tout Paris, dans la loge de Mme de Nauretale !

— Mais c'est ainsi que tu m'as présenté toi-même il y a un an.

— Oui, un soir de première, et puis tu n'es pas le baron de Smorfsen !

— C'est-à-dire qu'il y a présentation pour gentilhomme et présentation pour roturier !

— Là, bon, voilà mon jacobin de quatre-vingt-treize qui s'insurge. Fais-toi présenter, mon cher Delseaux, et pas par tout le monde ; choisis tes parrains comme au cercle, mais ne te fais jamais le parrain de personne... surtout dans le monde parisien, où tu ne seras jamais qu'un enfant, et qui te roulera, mais te roulera... comme cette cigarette. Il m'a bien roulé, moi, un de ses vieux routiers... il y a quelque dix ans d'ailleurs, et il gâtait la franchise de l'aveu par la fatuité du sourire.

— Mais Smorfsen me l'avait demandé.

— Ah! c'est lui... pardieu! Ma bonne pièce arrive de Vienne, on l'avait prévenu à l'ambassade. La comtesse de Nauretale, je te crois, quelle entrée en scène dans le monde parisien! Sache aussi pour ta gouverne, mon cher, qu'on ne présente jamais un homme à une femme sur la prière de cet homme ; le désir doit en être exprimé par la femme ; c'est la femme qui doit le demander.

— Et si la femme ne le demande pas?

— Une femme arrive toujours à demander ce qu'on veut qu'elle demande. Aussi l'impair est-il de taille avec bon endosseur responsable! Smorfsen est à couvert, lui: la bourde demeure à ton avoir au grand livre des gaffes.

— Je ne te comprends pas. Smorfsen appartient à la plus haute société.

— Étrangère.

— Sa noblesse est ancienne, authentique...

— Et de meilleur aloi que la mienne; j'ai compris. Va toujours, mon ami.

— Il est du cercle du comte de Nauretale.

— Qui ne l'a pas présenté à la comtesse.

— D'une distinction accomplie.

— Il ne manquerait plus que cela.

— Très joli garçon.

— Pardieu !

— Et quoi que tu en dises, Mme de Nauretale l'a parfaitement accueilli hier, elle, le comte et même le marquis.

— Seulement, à l'entr'acte suivant, la loge était vide. Le marquis seul est resté au théâtre, où il est venu me rejoindre au foyer de la danse, animal. J'ai assisté à toute la petite scène de la présentation du fond de la baignoire de Mme de Mourvel. Vous étiez le point de mire de toutes les lorgnettes. Tu peux te vanter d'avoir occupé hier toute la salle de l'Opéra, mon cher. Je te crois que ni le comte ni la comtesse n'ont sourcillé ; mais essaye un peu de te présenter maintenant rue Murillo : « Madame la comtesse est sortie, » voilà l'éternelle réponse où tu heurteras désormais tes visites. Un congé silencieux et sans appel, mon cher. Oh ! le comte te saluera toujours dans la rue, il se plaindra même de ne plus te voir. « Comme vous vous faites rare, mon ami. Ma femme devient d'un mondain ; impossible de mettre la main sur elle ; elle vit dehors maintenant. » Quant au marquis, il forcera la note aimable. Hier, au foyer, il m'a parlé de toi ; il te trouve du talent, et le marquis ne lit jamais que la *Revue des Deux Mondes*, et encore les articles de Broglie et de Taine. Très mauvais signe cela. Quand Moreux dit du bien de quelqu'un, c'est qu'il va l'exécuter sous peu ; il se garde à carreau ; très malin, de Moreux. Mais tu restes là ébahi avec des yeux grands comme des tasses ; il ne se doute pas de ce qu'il a fait. Viens, entrons chez Weber. Je vais t'expliquer l'énormité de ton cas. Quelle chance tu as de n'être pas du club, tu aurais eu certainement une affaire, pour peu que tu aies l'épiderme sensible, et je sais que tu l'as chatouilleux. Ce qu'on t'aurait blagué sur ta présentation. Ah, ce cher Delseaux. »

Et d'une tape amicale, il me poussait dans la brasserie, où nous étions arrivés en causant.

—Garçon, deux portos, et quand il eut trempé ses moustaches dans le verre empli de topazes, mon cher ami, faisait Lacroix-Larive en étendant droites ses deux jambes sur la table et en enfonçant d'un geste un peu canaille ses deux mains dans les poches de son pantalon, si je te disais qu'il y a en ce moment à Paris une femme dont le nom et une aventure déjà vieille de vingt ans sont aujourd'hui dans toutes les oreilles et sur toutes les bouches, un mari dont on vient de troubler l'existence de bien-être et de luxe calme en lui rappelant soudain une aventure oubliée, un amant dont la subite apparition d'un monsieur inconnu vient de menacer le bonheur et de bouleverser la sécurité coutumière ; si je te disais, enfin, qu'aujourd'hui à cette heure, rue Murillo, dans un des plus beaux hôtels de Paris, il y a peut-être une femme à la fois frissonnante de terreur et de joie qui, les doigts égarés, douloureuse et ravie, les yeux riant aux anges, bénit et maudit le nom du romancier Delseaux, et tout cela parce que, hier soir, à l'Opéra, ledit Delseaux, mon maladroit ami, a présenté le baron de Smorfsen dans la loge de Mme de Nauretale, tu ne me croirais pas. Hé bien, pourtant, cela est. A l'heure présente, ta gaffe d'hier est le bruit des salons et des clubs ; Mme de Nauretale est souffrante, invisible avec sa porte fermée pour tout le monde, à moins qu'elle ne se montre plus spirituelle que jamais à tous les *five o clock* de ses amies, ce qui serait d'une jolie force ; le comte se ronge les poings de fureur de ne pouvoir chercher querelle à personne, et Moreux t'envoie sous cape à tous les diables, car tu as dérangé toutes les combinaisons de leur attelage à trois.

— Comprends de moins en moins.

— Voici maintenant le mot de l'énigme.

—Garçon, un second verre de porto, faisait Lacroix en vidant son verre d'un trait. Tu n'es pas sans ignorer que Mme de Nauretale, la belle Mme de Nauretale (et elle l'est encore en effet, belle, et même fort belle, malgré ses quarante-six ans... Je la regardais hier encore à la lorgnette ; le profil est resté pur ; pas d'empatement dans l'ovale du visage, la jeunesse de ligne même un peu sèche de ses dix-huit ans) mais, pardon, tu n'es donc pas sans ignorer que Mme de Nauretale, une des plus brillantes de la cour des Tuileries et peut-être la plus jolie femme de l'Empire, ait eu des aventures. Pas beaucoup, car on peut les compter. Tu n'ignores pas non plus que, toute mûre et toute mère qu'elle soit d'une jeune mariée de dix-neuf ans, elle ne soit encore publiquement entretenue par le marquis de Moreux, intime ami de son mari et gouverneur de la banque royale... d'Illyrie ; une liaison de près de vingt ans que tout Paris a acceptée. D'ailleurs, depuis vingt ans, une vie exemplaire ; pas un scandale ; le cadre sobre et presque austère d'une existence de haut luxe et, à dater de Moreux, jamais un geste à reprendre, jamais une démarche prêtant à la calomnie, le mot si facile à dire, le trait si aisé à lancer.

Il n'en a pas toujours été ainsi. Mme de Nauretale a eu un drame et un grand amour dans sa vie de courtisane mondaine, courtisane qu'elle ne fût pas devenue, affirment ses amis, sans l'insigne maladresse du comte, Mme de Nauretale était née honnête : c'est un meurtre immérité qui aurait jeté cette femme dans la galanterie, et comme presque toujours en semblables occurrences, c'est la main du mari qui aurait déterminé la chute de la femme. **Comment ? Le voici :**

Te souvient-il encore, ne serait-ce que de nom, de Manehaustein ? Non, tu étais trop jeune. Pierre de Manehaustein, le beau Pierre, comme on l'appelait alors, fut de 1860 à 1866 l'homme de Paris, qui était alors en femme Mme de Nauretale, Mme de Nauretale et tant d'autres. Fabuleusemeut beau, d'un blond d'or de Norvège avec un profil de héros de Nibelungen, intime ami des Grammont-Caderousse, des Mouchy, des Demidoff et autres viveurs de l'époque, jetant l'or à poignées, beau joueur, beau valseur, aimé, traqué, supplié par les femmes, il fut un des quatre ou cinq princes charmants de cette cour des *Mille et une nuits*. Mme de Nauretale, dont on n'avait fait jusqu'alors que citer la beauté, le rencontra, l'aima, en fut aimée... jusqu'à la chute ? On ne précisa rien, mais

les langues s'en escrimèrent. Bref, le comte de
Nauretale, qui partageait l'opinion de Jules César
sur la vertu des femmes et voulait la sienne insoupçonnée, provoqua Manehaustein à la première
bagatelle et le tua net... d'un coup d'épée... comme
un papillon transpercé d'une aiguille... en plein
cœur.

La comtesse ne quitta ni son mari ni ses robes
de gaze de soie tramée d'or ; elle parut même le
soir du duel aux Italiens dans sa loge ; mais le
lendemain une légende courait dans Paris : la nuit
même, une heure après minuit, la religieuse de
garde auprès du corps aurait vu entrer dans la
chambre mortuaire, pâle et les yeux fixes, une radieuse et défaillante jeune femme, épaules nues,
diamantée, en grande toilette du soir ; la nocturne
visiteuse, sans un mot, toute raide sous ses diamants, se serait avancée jusqu'au chevet du mort,
et là, d'un grand geste tragique abattant le linceuil et mettant à nu le cadavre, aurait longuement, goulûment, désespérément repu ses yeux de
cette nudité livide, et puis, toujours raide et blême,
serait sortie de la chambre sans dire un mot.

Comment la domesticité de Manehaustein avait-elle laissé monter cette femme? Le nom de Mme de Nauretale n'en circulait pas moins le lendemain aux Tuileries, et de là dans Paris.

Ce qui ne l'empêchait nullement six mois après de prendre (oh! cela presque publiquement) et d'afficher un autre amant, Max de Firieu, un petit ragot sec et nerveux, aux allures de sous-off et de première force aux armes; lequel, provoqué presque aussitôt par Nauretale, clouait cette fois le cher mari pour six mois sur son lit, à la suite de cinq pouces de fer délicatement insinués dans les côtes.

Nauretale faillit y rester. Ces six mois de convalescence, la comtesse les passa au chevet de son mari offrant, installée là dans la chambre du malade, l'exemple édifiant du modèle des épouses; le soir même du duel, elle avait d'ailleurs congédié ce maladroit de Firieu, qui ne se douta jamais avoir servi la plus féroce et la plus féminine des vengeances, et ce ne fut qu'après le complet rétablissement du comte que Mme de Nauretale daignait enfin accepter les hommages de Moreux, un adorateur évincé depuis le commencement de son mariage, et qui venait de sauver la fortune des Nauretale, compromise après la mort du duc, de ce pauvre Morny, si fatal à tant d'autres.

Voilà, mon cher, résumée en trois mots l'histoire du ménage Nauretale.

Quand je t'aurais dit que le baron de Smorfsen, le bel attaché d'ambassade suédois, est le sosie traits pour traits, mais à crier : « C'est lui, au revenant ! » sosie à s'y méprendre de ce pauvre Manehaustein, que c'est Manehaustein à vingt-cinq ans, tel que nous l'avons connu, ou du moins tel que je l'ai connu en 66, que nous croisons depuis un mois en saluant Smorfsen sur le boulevard, tu t'expliqueras peut-être pourquoi les Nauretale ont quitté leur loge une heure après la représentation d'hier, pourquoi toutes les lorgnettes de la salle d'hier se sont posées sur le front que voilà, pourquoi le marquis de Moreux me faisait au foyer ton éloge et pourquoi mon ami Delseaux ne sera plus reçu à l'hôtel Nauretale.

Tu as rappelé à la femme qu'elle avait une tache de sang à sa robe et un cadavre sur le cœur ; au mari qu'il est un de ces hommes qui ne provoquent que les adorateurs inconnus des banques royales et des salles d'armes ; à l'amant que sa maîtresse n'a jamais aimé qu'un seul homme dans sa vie et que cet homme n'est plus, à moins qu'il ne ressuscite demain ; mieux tu présentes cet homme ressuscité et tu veux qu'on te pardonne.

Oh ! Smorfsen savait bien à qui il s'adressait en te demandant de le présenter à Mme de Nauretale ; personne au club, personne à l'ambassade n'aurait pris cela sur soi ; et il fallait être toi, toi, mon pauvre Delseaux, qui demeures ahuri et ne connaîtras jamais les dessous et les pourquoi du mystérieux enfer parisien.

L'AMANT DES POITRINAIRES

(SOIRS DE PARIS)

L'AMANT DES POITRINAIRES

« Tiens, encore une nouvelle! » faisait un élégant habit noir installé devant moi aux fauteuils d'orchestre, à la seconde de la pièce de Legendre, et, souriant dans ses moustaches, il braquait sa jumelle sur une première loge de côté, où venait d'entrer une longue et svelte jeune femme, toute pâle dans une exquise toilette de tulle bleu-pâle qui la faisait plus pâle encore.

C'était au milieu du second acte, l'acte de la chapelle, quand le seigneur Claudio, sourcils contractés, la main sur la poignée de son épée, invective Léonato et la candide Héro dans la fameuse apostrophe shakespearienne :

Garde ta fille, elle est trop chère !

Toute prise qu'était la salle et par le dramatique de la scène et par le brillanté de ces costumes de

Roybet chatoyant dans l'étonnante aquarelle de Ziem, que Porel a mise dans ce décor, tous les yeux, toutes les lorgnettes avaient suivi la direction de la jumelle, et la fragile créature, maintenant accoudée au velours rouge de sa loge, avait, dans sa pâleur inquiétante et spectrale, comme le resplendissement de tous ces regards d'hommes et de femmes soudainement attachés sur elle.

Visage d'un ovale aminci, d'une expression langoureuse et souffrante : les yeux comme agrandis, d'un outremer tournant au noir, inquiétaient, ardents et douloureux, dans leurs cernes bleuis, meurtris, tachés de nacre ; le nez délicat, aux narines mobiles et vibrantes haletait comme dans une atmosphère trop rare et insuffisante pour sa vie, et, son grand éventail de plumes ramené contre sa poitrine plate, elle mordait de temps à autre du bout de ses dents, éclair d'émail apparu dans le rouge de sa bouche, la chair brûlante et pourprée de ses lèvres, et cela à en faire jaillir le sang ; auprès d'elle avait pris place un homme, lui grand, robuste, bien portant, dans toute la force de l'âge et, très correct, le large cordon de lorgnon en moire noire traversant le gilet blanc de soirée, tenue de clubman hanté des princières élégances d'un Sagan, il se penchait vers la frêle femme pâle, lui parlant à l'oreille et lui offrant dans un sac de soie tendre des violettes de Parme cristallisées, qu'elle grignotait demi-souriante et étouffant.

— Elle ne fera pas long feu, la nouvelle, ricanait devant moi le voisin de mon habit noir ; elle n'en a pas pour deux mois : cette petite femme-là en est aux suffocations ; ça doit cracher le sang à pleins poumons, mais ça doit avoir un fier tempérament de minuit à deux heures, quand monte l'accès de fièvre. Très jolie d'ailleurs ; un peu maigre pourtant. »

Il avait pris la lorgnette des mains de son ami, et, les deux montants comme rivés à la loge, il détaillait et chaque crispation de la robe bleu-pâle et chaque empressement du large gilet blanc.

— Un fichu goût tout de même, continuait mon lorgneur, aimer des squelettes de femmes et s'abonner aux pompes funèbres de l'amour.

Ce cher Fauras, je ne lui vois jamais que des

Vénus de cimetière, et toujours des nouvelles. Combien en a-t-il donc déjà expédié de maîtresses ?

— Mais trois ou quatre en deux ans. C'est une monomanie à croire qu'il va les prendre à l'hôpital ; la maladie, la phtisie surtout, voilà ce qui le charme. Nous avons eu la *maîtresse du bourreau*, lui c'est l'*amant des condamnées* ; épris d'élégies et de larmes, ce bon Fauras, tout bien portant qu'il se conserve, lui, n'aime que celles qui vont mourir : la fragilité de leur existence les lui rend plus précieuses et plus chères ; il suffoque de leurs oppressions, frissonne de leurs fièvres et, attentif à leur moindre soupir, penché sur leurs étouffements, il épie, voluptueux et brisé, les progrès de leur mal, agonise leurs spasmes et vit leur agonie, un sybarite ! quoi !

— Oui, je sais ; un féroce, quelque chose comme un sadique tourmenté d'idées macabres, presque un nécrophile, demandant un reste de chaleur au cadavre et cherchant dans la mort la dernière saveur de l'amour : le crime de Saint-Ouen renouvelé tous les soirs dans la sécurité de l'alcôve, et la curiosité des sens garantie des poursuites judiciaires par le semblant de vie de la victime.

— Oh ! quelle erreur, mon cher, et que tu es loin de compte ! Mais Fauras est un tendre, un élégiaque, un obsédé d'exquises impressions de tristesse, un affolé de deuil ; il porte un crêpe dans ses pensées et une urne funèbre à la place du cœur ; délicieusement navré et aux anges de l'être, il effeuille éternellement sur des amours nouvelles le cyprés toujours vert de ses regrets, — phénix sans cesse renaissants !

— Je t'avoue n'y plus rien comprendre.

— Homme grossier que tu es ! Aimer une femme qui va mourir, savoir que le temps est compté de ses baisers et de ses caresses, sentir sous son râle l'heure fuir irrévocable et à jamais perdue ; désespéré d'avance et pourtant enivré, avoir la conscience que chaque volupté subie est une étape de plus vers la tombe, et, les mains frémissantes d'horreur et de désirs, creuser dans son alcôve la fosse où l'on couchera son amour, voilà la saveur de la chose ! et il faut n'avoir jamais connu l'âpre attrait des rendez-vous hâtifs et sans retour pour ne pas la comprendre cette mélancolique et lancinante ivresse, l'ivresse de ces liaisons irrémédiablement marquées par le Trépas et le Plaisir !

— Monstrueux.

— Mais absolument vrai. La fragilité est le grand charme des êtres et des choses, la fleur plairait moins si elle ne devait se flétrir ; plus vite elle meurt, plus elle embaume ; c'est sa vie qu'elle exhale avec son parfum ! De même, la femme condamnée ; agonisante, c'est avec frénésie qu'elle s'abandonne aux voluptés qui la font vivre double en la faisant mourir ; ses moments sont comptés ; la soif d'aimer encore, le besoin de souffrir brûlent et flambent en elle, elle se cramponne à l'amour avec de suprêmes convulsions de noyée, et, désirante, décuplant ses forces dans un dernier baiser, déjà tordue sous la main de la Mort, elle tuerait de volupté, si elle n'en expirait elle-même, l'homme désespérément adoré, dont la longue, lourde et rageuse étreinte la fait se pâmer et mourir.

— Délicieux !

— Oui, délicieux, l'amour des poitrinaires ! et puis un autre avantage, Fauras évite ainsi l'ennui des congés parfois brutalement signifiés même par un galant homme aux échéances obligées des collages, les scènes de rupture souvent plus que pénibles, toujours désagréables, les titres de rente et jusqu'au vitriol, tout le fumier rebutant des fins de bail : pratique et délicat, il ne connaît pas, lui, l'écœurement prévu des amours indurées, la navrante et morne satiété des idylles chroniques et des liaisons rancies ; ses aventures à lui se dénouent sur le drap blanc et larmé d'argent clair d'un cercueil de jeune fille, au milieu des jonchées de violettes et de roses, à la lueur des cierges, au chant des orgues et des épithalames ; et la mariée est morte comme Ophélie; Hamlet moderne, il suit lui-même le convoi de son amour et si son cœur a quelques déchirements, sa souffrance a du moins un beau cadre, des fleurs et de l'encens, de la musique et des psaumes de prêtre dans un décor troublant d'apothéose ; une douleur d'artiste, en un mot, mais d'artiste pratique et homme d'affaires, car il a le trépas pour notaire et conseil, et il a chargé le gardien du cimetière Montmartre de la liquidation de ses sentiments ; mieux, il pleure sa maîtresse et avec de vraies larmes; morte, il porte la fleur qu'elle aimait, sur sa tombe, jardine pieusement autour des petits grillages, attendrit les parents du défunt d'à côté, et sa vie embellie d'images adorées et de légers fantômes de femmes s'écoule, mélancolique et douce, entre la chère amie d'hier et *celle* du lendemain, embaumée de regrets, frissonnante d'échos, palpitante d'espoir, nuancée de souvenirs!

— Un monstre, un misérable, un...

— Grand voluptueux et un grand savant, mon cher, car il a su mettre la Mort de compte à demi dans les opérations amoureuses de sa vie, su donner un corps à ses rêves en idéalisant ce fâcheux, le Souvenir; et notre maître à tous, mon cher, quoi qu'on en dise, car il est le seul homme qui pleure encore sincèrement ses maîtresses, et le seul qui sache aujourd'hui savourer le regret, ce philtre et ce poison dont mouraient autrefois les amants des légendes, et dont vivent aujourd'hui les derniers amoureux égarés dans ce siècle, ce siècle d'incroyance et de lucre, où la seule phtisie et les seuls tubercules font encore mourir. »

CONTE D'UNE NUIT D'HIVER

(SOIRS DE PARIS)

CONTE D'UNE NUIT D'HIVER

A Octave Mirbeau.

Il avait taillé toute la nuit, et toute la nuit perdu avec la déveine d'un homme que la guigne noire pince et tenaille depuis six mois. Il était près de deux heures, et sur la place de la Concorde les fontaines, hérissées de stalactites avec leurs dieux marins figés dans du gel, dressaient autour des vasques muettes un Olympe de spectres et de figures enlinceulées, allégories brumeuses et glacées de l'hiver.

Comme il n'était pas sans littérature, il s'arrêta une minute pour regarder luire au clair de lune les torses des tritons et les seins bronzés des naïades : cuirassés de glace, dieux et déesses grimaçaient étrangement dans l'immensité de cette place déserte, sous ce ciel pâle de nuit d'hiver, et tels qu'ils étaient, encapuchonnés de cagoules sous les glaçons opaques et blancs qui leur voilaient la face, ils le

firent un moment songer à un cortège de péni-
tents... et comme il était psychologue et analysait,
soit par habitude, soit par respect humain, ses plus
minces sensations, il se reporta, devant le silence
endormi de cette place, à son aspect affairé et vivant huit heures auparavant, à l'heure parisienne
où l'on revient du Bois.

Au loin, sous les sabots de trotteurs ferrés à
glace, sonne et s'enfonce à l'horizon l'avenue des
Champs-Élysées, barrée sur un ciel rouge par le
carré de l'Arc-de-Triomphe.

Des silhouettes engoncées, le dos frileux et
voûté, se hâtent dans le froid sibérien de la place :
les unes sont cravatées de lainages grisâtres, les
autres ont autour du col des claires et tendres luisances de soie : ce sont les pauvres et les riches ;
les pauvres ont le cache-nez, les riches le foulard ;
et il éprouvait le besoin de croiser un peu le sien
sur son plastron plissé dans la tiédeur de sa pelisse
de fourrure.

Il était, du reste, du goût le plus pur, son foulard de ce soir, et Cazal lui-même n'aurait eu qu'à
s'incliner dans un muet sourire devant ce semis de

doubles pastilles d'or sur fond vert pistache, comme Liberty seul sait en trouver à Londres, vert de poison indien ; il avait, d'ailleurs, une très respectable collection de ces foulards, assortis à la nuance de ses chaussettes, les chaussettes appareillées elles-mêmes à la nuance des divers états d'âme que peut comporter un clubman qui se respecte.

Et il ne put s'empêcher de sourire à la gaffe énorme commise par son ami René Vinci, le tendre petit poète, la première fois qu'il le présenta chez la baronne Abraham Flirtanheim : la frêle jeune femme, si intellectuelle et si peu juive — ses regards demandent grâce, quand elle parle, pour sa religion incorrecte, — avait, sur la foi de ses deux actes à l'Odéon, désiré le connaître, le voir.

Et reconstituant la scène de cette présentation à deux heures du matin, après le théâtre, dans l'hôtel du boulevard Saint-Germain, en l'absence du baron parti la veille à Vienne, il revoyait, inquiétante et captivante dans sa pose d'accueil presque équivoque, la jeune femme décolletée, au milieu du subtil décor de son boudoir de millionnaire youtresse, tout de stores de soie claire, de hautes fourrures sombres et de grêles plantes vertes : mince et souple en toilette de gaze, d'un décolletage osé, la prunelle aux aguets et la bouche en rictus, il revoyait la baronne telle qu'elle était cette nuit-là, l'autre hiver : à la fois ricaneuse, curieuse et assoupie... Qu'attendait-elle ? On aurait dit qu'elle épiait. Et tout rose et tout frêle en son frac du soir, dont la sveltesse de ses vingt-deux ans sauvait la coupe inélégante, René Vinci, qu'il venait de lui présenter, debout, hésitant devant elle, et si charmant vraiment, ce pauvre petit poète, si charmant de candeur et de vraie jeunesse, qu'on ne savait plus s'il en était fille ou garçon, le baby... Imberbe encore, cette année-là, avec sa minceur aristocratique et sa joliesse de bar-maid, il avait ma foi un faux air de la marquise de B... en tenue d'Opéra, comme une gaucherie de fille anglaise ; et la scène en prenait une allure très moderne et perverse, quand, en s'asseyant sur un pouf aux pieds de la baronne, son pantalon avait fait un faux pli, et s'étant relevé, la baronne et lui avaient vu qu'il portait des bas... **des bas** de soie noire comme un jésuite.

Alors ç'avait été fini du caprice de l'élégante jeune femme.

La baronne et lui en avaient bien ri depuis ensemble, René Vinci portait des bas.

Or, comme il passait justement devant l'hôtel des Flirtanheim, nonchalemment il leva et accrocha ses regards aux vitrages, bleuis de reflets de lune, de la serre en rotonde où se commit il y a un an cette présentation grotesque. Qui lui eût dit que trois mois plus tard il rencontrerait là, dans ce même hôtel Flirtanheim, à un bal costumé, celle qui fixerait son cœur, son cœur douloureux et meurtri, son cœur de psychologue saignant et infidèle, et le rangerait à la commune loi.

C'était en mars dernier, vers sept heures du matin, on sortait, et sous la marquise de l'hôtel la cohue des costumes et des masques éclatait, papillottante et chatoyante, nuances et couleurs, toute une palette, entre la double haie des palmiers et des eucalyptus et des rouges camélias. Rien de plus pittoresque et de plus parisien que cette sortie de masques dans le grand jour de cette aube de mars; mais combien éreintées et singulièrement vieillies, aperçues ainsi à la lumière crue du matin, après la fatigue et l'excitation d' ne nuit de bal, les souples arlequines et les folles clownesses. La sortie du bal en plein jour, la grande trahison des maquillages et la complète déroute des fards, l'écueil redoutable aux plus charmants visages.

Celles qui ne sont plus jeunes y apparaissent terribles, la paupière capotée, les lèvres détendues, tirées au coin de sinistres plis noirs; effroyables et lamentables sous la défroque des costumes et le chanvre roui des chevelures déteintes; mais les jeunes y sont adorables : les teints fouettés par le plaisir, moites encore de l'excitation du souper et des danses, s'y révèlent d'un rose inconnu à Paris, d'un rose de fraise à la crème ou de pétale d'églantine; et parmi les chairs roses de jeunesse de cette matinée-là, il s'en trouvait une, une aux profonds yeux bleus, long-cillés et malins, un peu hardis, peut-être, une aux cheveux *auburn*, ce délicieux auburn qu'adore l'Angleterre — cette nuance divine entre le roux et le châtain, — une un peu grande, mais de silhouette rêvée, dont les épaules, la poitrine, les bras nus, les oreilles étaient de ce rose humide de perle et de fleur rose, de ce rose enfantin !

Et, comme frappé d'un grand coup au cœur, il avait immédiatement murmuré en lui-même. « Si elle a lu Hubert Spencer et les poètes anglais Rosetti et Shelley dans leur langue, si elle s'habille chez Refern et rêve devant les primitifs Florentins, si elle connaît autrement que de nom MM. Ernest Renan, Meilhac, Halevy, Taine et Maurice Barrès, là sera ma vie, là sera mon cœur, là sera mon destin. »

Il ne connaissait pas encore son bonheur, il devait la rencontrer au cours de M. Brochard à la Sorbonne, le surlendemain.

Ici un fâcheux contre temps.

Au carrefour de Buci, une ombre falotte et burlesque se dégageait d'une embrasure obscure de porte, abordait le noctambule en pelisse, et le frôlait d'une main équivoque, et mâchonnait un appel indécent.

Un bec de gaz l'éclairait en plein.

C'était une vieille dame maquillée et courbée en deux dans une confection de passementerie et de jais, l'air malgré cela respectable sous son chapeau à guirlandes, un faux aspect de dame de paroisse qui rend le pain bénit une fois l'an... Que lui voulait-elle à cette heure insolite?.. Il était bien tard pour revenir des vêpres, elle se rendait peut-être à matines; il est de si étranges dévotions dans le noble faubourg Saint-Germain! Et interdit, il s'arrêtait et l'écoutait.

Hélas oui, c'en était une; oui, cette grand'mère en chapeau de dame; oui, cette quasi-femme honnête, à l'âge d'une sociétaire de la Comédie, mais sans cet air provocant et friand qui trompa le flair d'un honnête gardien de la paix.

La pelisse fourrée eut un mouvement de recul; évidemment, malgré la solitude et la nuit avancée, il refusait à cette ancêtre d'encourager son commerce; alors un désespoir subit dans cet œil éraillé aux cils noircis de suie, une avancée de tout le corps et une main fébrile qui s'accrocha à la manche du monsieur et cet aveu navrant :

« Monsieur, donnez-moi quelque chose ; deux sous, ce que vous voudrez, je n'ai pas mangé ce soir ! »

Et lui, tirant une poignée de menue monnaie blanche de son gilet, précipitait le pas, effaré, et tournait brusquement au plus court, se vengeant en lui-même de l'imprévue rencontre, par ce mot qu'il imprimera quelque jour chez Lemerre :

« La misérable, je parierais qu'elle entretient de son commerce un ou, qui sait, peut-être deux poètes catholiques, pamphlétaires, pervers, mystiques et décadents!

DANS L'ESPACE

(SOIRS DE PARIS)

DANS L'ESPACE

Willette! Pourquoi tous les clochers et toutes les cloches de Paris me semblaient-ils carillonner ce nom et ce seul nom en cette claire et froide nuit dernière, et pourquoi, parmi les ombres, de tant de saintes légendes hantées de cette veillée de Noël, est-ce la fantasque et hallucinante chevauchée de premières communiantes et de jeunes prostituées, escortant à travers les nues Pierrot suicidé et saignant, qui dévalait comme une trombe sous mes yeux somnambules dans le givre glacé d'une lune hivernale.

Oh! les terribles petites femmes, haut troussées de clair, long corsetées de sombre, et montrant, dans d'énervantes poses, le plus de nu possible: nu des fluettes épaules sortant, comme une fleur, hors du corset qui tombe, nu des seins en révolte, aigus et courroucés, framboises pointant hors des dentelles du corsage, nu du genou et parfois de la cuisse entrevus plus roses entre les blancs des dessous au pillage et le noir soyeux du bas noir, quel damnable sortilège ou quelle curiosité urticante les évoquait et les provoquait, une à une, en cette sainte nuit de Noël, tentantes comme un vice et pirouettantes comme des clowns, chemises levées et retroussées, toutes les fossettes de leur chair rose à l'air, et frissonnantes suspendues très haut dans l'espace, au-dessus de Paris endormi, soit aux raies argentées d'un blême clair de lune, soit à l'aile géante du Moulin de la Galette!

> Perché sur la haute colline
> Et coiffé d'un bonnet pointu,
> Le moulin fait, de la vertu
> Des filles, la blanche farine.
>
> Tourne, tourne, le moulin gai
> Avec la frêle blonde, ô gué.

Qui m'obsédait ainsi en elles, leur souple anatomie de garçonnes aux reins pétris de neige et de chlorose, leur perverse anémie aux acidités de pommes vertes ou leur inconsciente et féroce gaîté de gamines homicides, de tueuses de poètes aux yeux vides et fous, de mangeuses de moelles, éternellement souriantes et cependant si frêles, si délicates !

> Au sabbat inconnu de Paris entraînées
> Vous envolant du haut de noires cheminées
> Allez, vierges, allez roses sous le ciel blanc !

a pleuré sur elles le poète Louis Le Cardonnel, tandis que de l'autre côté du fleuve gelé, où rêve Notre-Dame accroupie, le Paris des bouges et de repaires répond au Paris des bals publics et des restaurants de nuit

> A travers les cris, les huées,
> La croupe des prostituées
> Resplendit dans l'éternité,
>
> Modernité, modernité !

Modernité ? et à travers la lune fantomatique et bleuâtre, dont le disque géant troue un ciel en grisaille, transparaît et grimace une tête de mort ?

Une tête de mort ? Et il s'est rencontré des gens pour oser rapprocher ces deux noms l'un de l'autre, Antoine Watteau et Adolphe Willette, des gens pour oser rattacher au sourire alangui des marquises de l'un, à leur exquise indifférence de grandes dames adorées et lassées d'hommages et de fadeurs, le profil effronté et le cynisme tout de boulevard extérieur des modernités de l'autre..... comme si entre la mélancolie mi-ressentie, mi-affectée et la mièvrerie d'attitude des pèlerines de l'*Embarquement*, entre ces minauderies tristes et le rictus énervé, la fixité du regard, le déchevèlement fou, le déhanché et le tourbillon de jupes des pirouetteuses du *Requiem*, il n'y avait pas toute la fièvre et tout le souffle morbide d'une civilisation travaillée de névrose, le coup de folie d'une fin de siècle hystérique et jouisseuse, assoiffée d'or et de bien-être, surmenée de fatigue, exaspérée de luxure, lassée, pressée de vivre, terrorisée par l'idée de la mort.

Mais entre la svelte et pensive indolente de Watteau et la petite Montmartroise émaciée de Willette, il y a tous les maux et toutes les maladies de notre temps : Saint-Lazare et la prostitution cartée, Charcot et la Salpêtrière, le pessimisme et Schopenhauer.

Willette est un moderne, d'où sa grande, son

immense tristesse ; moderne, et essentiellement moderne, ce folâtre est un penseur, ce grivois un souffrant, un apitoyé à la sensibilité douloureuse et vibrante, un obsédé, lui aussi, du spectre de la Grande Camarde, un terrorisé à genoux devant la mort.

Epouvante et terreur qui du peintre galant font un peintre macabre. Fouillez plutôt son œuvre, examinez ses fresques, feuilletez ses dessins. Les ailes de ses moulins, grands détrousseurs de jupes, ont des bras de squelettes ; des murs de cimetières bornent ses paysages ; les blouses de ses pierrots ont des plis de suaire ; ses cabarets d'amour recèlent des croque-morts ; ses joyeux champs de blés, épis et coquelicots, où d'enragés bretteurs pillent à bouche-que-veux-tu des nudités cabrées de sveltes jolies filles, dressent, pour effaroucher les oisillons rôdeurs, d'équivoques mannequins à silhouettes de spectre et, je l'ai déjà écrit tout à l'heure, à travers les lunes énormes, fantomatiques et blêmes, dont il aime à trouer ses grands ciels en grisailles, grimace et transparaît une tête de mort.

La tête de mort qui roule déjà, inerte et décharnée, entre les épaules du Pierrot inanimé que la nocturne chevauchée des filles de caprice et de luxe entraîne : pauvre Pierrot en habit noir, les pieds droits dans le vide, il fléchit sur ses genoux, il glisse ; dans sa main crispée un pistolet fume et sa tête oscille et sa tempe saigne, il a déjà le nez pincé comme le nez d'un mort... Une svelte silhouette de Parisienne en deuil, ennuagée de crêpes, l'emporte et le soutient, une forme de femme aux ailes de phalène, et, derrière se bouscule et se heurte, bras levés et les seins nus, crêtes jaillissant des dentelles, le hourvari des filles en jupons, en pantalons, en chemises et en corsets de soie que fouaille, houspille et baise à pleine chair un bataillon glouton de Pierrotins loupeurs ! Au dessus, dans le bleu de la nuit, s'émoustille un ballet de vaporeuses étoiles, toutes de tulle et de gaze lunaires ; un symbolique omnibus de Clichy-Odéon, encombré de Pierrots, s'ébauche dans les nuées ; le ciel est entre-temps moucheté de flocons, et sont-ce des cris de courlis, des huées ?.., des voix et des appels se sont, au loin, très loin, hélés et répondu... Le ciel, où s'éternise la bataille des nuages, s'étend, immense et vide, au-dessus de ma tête, et, au loin, bien loin devant mes yeux, chante harmonieusement muette, la symphonie en blanc majeur de Paris neigeux.

Et devant ce décor crépusculaire et brumeux de la Seine à demi-gelée, charriant des blocs d'acier entre des quais ouatés de blanc, me voilà, incorrigible rêveur que je suis, émigré à des milliers et des milliers de lieues, transporté comme en songe loin des modernes horizons de Willette et de son Paris vicieux et Montmartrois.

Ces deux tours de granit profilant leurs gargouilles dans une atmosphère de vision, je ne les reconnais pas : ce n'est là ni l'île Saint-Louis ni la Cité, ni Notre-Dame ; ces fines ciselures de pierre baignées de clair de lune, et ces grands toits fleuris de bouquet de plomb s'effilant sur l'horizon obscur, qui s'enflamme déjà, ce ne sont ni la Sainte-Chapelle, ni les toits de l'hôtel Czarttoriski, mais je ne sais quelle imposante et prestigieuse ville de vieux conte, je ne sais quelle suggestive cité de légende, où je me suis promené étant enfant, car j'en reconnais et les quais et les ponts, et les hautes maisons aux toits fourrés de blanc et les clochers pointus... montrant du doigt le ciel.

Cette ville inconnue et reconnue pourtant, chère à mon enfance bercée de contes et de récits d'aïeules, une fée vient de la faire surgir du Paris archi-usé et toujours nouveau, des ponts et des quais, la fée par excellence et des transformations et des métamorphoses; cette magicienne, la neige : la neige qui dans les contes de Noël floconne et tourbillonne, mélancolique et blanche, sur la flèche de la cathédrale toute retentissante de la messe de minuit, la neige qui s'anime et voltige, si bizarrement ailée, mi-fantôme et mi-abeille, dans les poèmes enfantins du norvégien Andersen.

> On voit arriver de Norvège
> Avec les premiers froids d'hiver
> Des grandes abeilles de neige
> Leurs essaims blancs couvrent la mer.

Mais écoutez ces cris et ces voix, là-haut dans les nuées! Est-ce un vol de courlis, qu'aura saisi le froid, sont-ce des grues qui passent?

Les neiges ont aussi leur Reine,
Leur Reine au profil argenté,
Dans la nuit calmante et sereine,
Baignant sa froide nudité.

Sa ruche est au-delà des Pôles
Sous les cieux du Nord étoilés,
On voit vibrer à ses épaules
Deux rayons de lune gelés.

Mais entendez donc ces cris et ces voix dans les nuées... est un vol de courlis, sont-ce des grues qui passent ?

La reine au loin parfois voyage
Un traineau doublé de frimas
L'emporte au-dessus d'un nuage
A travers de meilleurs climats !

Comme un point à travers les nues
On voit filer au ciel neigeux,
Au-dessus des troupeaux de grues,
La Reine et son traîneau brumeux.

Les vieux loups assis dans la neige
Hurlent au coin du bois désert
Et les corbeaux lui font cortège
Criant la faim, criant l'hiver.

Elle, impassible et dédaigneuse,
Passe entre ses blancs bataillons ;
Il gèle et la lune frileuse
Lui tisse un manteau de rayons.

A travers le vent, les bourrasques
Elle va de ses doigts gelés
Cueillir les grandes fleurs fantasques
Dont les carreaux sont étoilés.

L'enfant couché dans la mansarde
Transi de peur entre ses draps
Croit que la Reine le regarde.
Elle ne le voit même pas.

Elle est là-bas dans la Norvège,
Là-bas, bien au-delà des mers,
Dans l'éternel palais de neige,
Où dorment les futurs hivers.

ORAISON FUNÈBRE

(SOIRS DE PARIS)

ORAISON FUNÈBRE

Je viens d'enterrer mon ami Jacques, un ami de mon enfance et même de mon âge mûr, si tant est-il que l'on soit mûr à trente-quatre ans, et cela dans la petite ville de la côte où nous avons grandi tous deux, nous frôlant presque dans la somnolence et l'engourdissant apaisement de la province, avec dans les yeux le rêve éternel de la mer geigneuse et de ses mouvants horizons.

Et jusqu'ici, à Paris même, cette fin d'enterrement dans ce cimetière de campagne, dans la solitude comme agrandie de silence d'un calme et blanc paysage d'hiver, me hante et me poursuit d'une vision de cauchemar obsédant.

Ici comme là-bas, en effet, la neige floconne en clair duvet sur un ciel à la mine de plomb, lourd et bas, et dans mon impression qui se prolonge, je ne sais rien de plus assoupissant et de plus endormeur que ce jardin des morts ouaté, fourré de blanc, comme enseveli sous un tapis de cygne.

O la délicatesse de ces grilles de tombe et de ces noires frondaisons d'arbustes persistants, à peine soulignés d'un fin liseré de givre ; la ville est toute voisine et l'on n'entend rien, ni bruit d'atelier, ni cloche d'usine ; les tumultes épars, les cris, les rumeurs, la neige vacillante les étouffe, les éteint dans sa chute légère et cependant si lente ; tel un effeuillement de larges pétales, immaculés et blancs sur la mer apparue d'un noir d'encre entre les hautes falaises, immaculés et blancs dans la détresse du ciel assombri.

Mais la cérémonie est achevée, une débandade de gros pardessus d'hiver comme poudrés à frimas se hâte à travers le cimetière ; à l'entrée les membres de le famille hiérarchiquement rangés, habit noir, tête nue, secouent, en grelottant, la main de chaque invité qui s'incline, gonflé de condoléance, confit en componction.

Le frère de Jacques est d'une pâleur verte qui verdit encore sous ce ciel malade ; c'est bien la pâleur des gelés de la retraite de Russie et des atroces douleurs.

Un chapeau de soie luisant et moiré au milieu des couvre-chefs époilés et hirsutes des indigènes me signale un Parisien égaré dans cet enterrement de pauvre. Je reconnais de Saunis, un ami de club de Jacques, que j'avais cru déjà croiser en arrivant à la gare.

Je l'aborde et nous nous serrons la main.

— Vous avez quitté Paris exprès pour la cérémonie ?

— Oui, je suis ainsi, persifle-t-il du fond de ses fourrures, je ne me dérange jamais pour un mariage, toujours pour un enterrement. (Puis après une pause) Ça dure moins longtemps. Ce pauvre Armenjean, il a donc cassé sa pipe... pas plus de trente-trois ans, n'est-ce pas. De quoi donc est-il mort ?... Anémie n'est-ce pas, usé par la vie, par des noces et puis l'éther, ce terrible éther, un joli vice que lui a donné là Suzanne !

Et mon fanfaron de vice prenant une contre-allée, s'esquive, le dos rond, sous la neige et s'en va, tout ravi d'avoir gâté le bon mouvement qui l'a amené ici par une sotte restriction du boulevard : mais quelques pardessus marchaient derrière nous et il fallait bien épater la province et soutenir sa réputation de Parisien *fin de siècle!!!* faire son Gaudissart en mauvais mots de la fin, continuer sur une tombe son stupide métier de commis voyageur.

A la porte du cimetière, une autre surprise. La portière d'un coupé s'ouvre bruyamment, et Madame ***, une parente de Jacques, jolie femme, dans la trentaine, qui a été, je crois, plus ou moins sa maîtresse, me tombe entre les bras avec des sanglots étouffés et toute une jolie douleur de théâtre qui sied on ne peut mieux à sa rose fraîcheur de blonde et à son élégant deuil de veuve.

— « Quelle catastrophe, mon ami. (Elle m'appelle son ami et, si elle m'a vu deux fois dans toute sa vie, c'est tout le bout du monde!) Certes, je le savais malade, mais pouvais-je prévoir... je suis arrivée de Rouen ce matin même : je n'ai reçu le télégramme qu'hier dans la journée et j'avais vingt-cinq personnes à dîner le soir, impossible de décommander mon monde : un dîner officiel ! Après la soirée, j'avais la tête perdue. J'étais comme une actrice qui vient de perdre sa mère. »

Je la regarde dans les yeux, qu'elle a fort beaux, d'un bleu sombre, et tout emperlés de larmes : en effet, plus actrice qu'elle ne le croit elle-même, la jolie parente, car elle ne manquera pas à cause de son deuil un des seuls bals de l'hiver : Rouen est à trente lieues de ce trou de province et puis le noir lui va si bien, comme à Réjane.

Mais Madame *** m'a fait monter dans son coupé et tout en tamponnant ses paupières avec un fin mouchoir de dentelles : « Il l'aimait donc bien, cette fille, qu'il n'ait pu lui survivre et qu'il soit mort pour elle et comme elle. » Et m'étreignant nerveusement le bras, avec cette fois, dans la voix un accent vrai de femme jalouse : « Etait-elle au moins jolie, cette Suzanne... brune ou blonde... car, vous savez, il est mort comme elle, éthéromane, empoisonné. » Et tout en lui donnant les indications demandées, voilà qui se dégage et surgit devant moi tout un drame insoupçonné, non remarqué de moi dans les dernières années de Jacques ; et des quelques mots tout à l'heure échangés avec de Saunis, de mon présent entretien avec Madame ***, se dessine, et nettement cette fois à mes yeux, une inquiétante silhouette de cette pauvre Suzanne Evrard ; et c'est en goule, en sorte de vampire, en être fantomnal et tragique que se dresse maintenant devant moi cette jolie fille, un peu trop grande et un peu longue peut-être, mais à la taille si souple, aux si délicieuses attitudes de grande fleur lourde et comme brisée, et je me prends à songer sinistrement à l'éclat singulier, à la lueur courte et brève de ses grands yeux noirs, ses yeux fiévreux d'éthéromane, si largement ouverts dans sa mate pâleur !

Et deux visions, deux souvenirs la campent devant moi et me la synthétisent sous cet aspect jusqu'alors ignoré de goule néfaste et mauvaise.

D'abord il y a deux ans, une nuit de bal de l'Opéra où Jacques, elle, moi et toute une mauvaise compagnie de joyeux et de joyeuses, nous étions échoués à la Maison d'Or, vers les trois heures du matin...

Et avec la lucidité d'un somnambule, je revoyais cette fin de souper, les desserts en débandade sur la nappe tachée, les coupes de cristal encore à demi-remplies de marquise, et, debout devant les glaces, les femmes en train de rajuster leurs masques et de rabattre sur leur front le capuchon de leurs dominos.

Jacques, très saoul, avait croisé ses deux bras sur la table, posé son front sur ses deux bras et il dormait, le pauvre, très pâle, et très joli quand même, à la lueur des bougies à leur fin et près de faire éclater leurs bobèches, pâle d'une pâleur de cadavre, mais joli d'une joliesse et vicieuse et éreintée de viveur à outrance, avec ses fines moustaches rouges retroussées et son impertinent profil de bretteur.

Suzanne s'était levée, et debout derrière lui, dans son grand domino de satin, qui l'allongeait et la grandissait encore, appuyait sa main gantée sur l'épaule du dormeur pour l'éveiller et lui donner le signal de départ. « Il est plein comme un œuf », ricanait un des nôtres ; en effet, Jacques, vautré dans son ivresse, s'affalait un peu plus en avant sur la table et ne bougeait plus. Suzanne alors se dégantait, et par gentillesse, câlinerie de femme amoureuse, lui posait ses doigts nus sur la nuque, le grattant du bout de l'ongle dans les petits che-

23.

veux du cou en imitant le ronronnement du chat. Jacques ne bougeait pas davantage; aux grands maux les grands remèdes; le domino tirait alors de dessous sa robe un flacon d'or bouché à l'émeri, penchait ce flacon sur une coupe et approchait cette coupe des lèvres du dormeur; Jacques avait un sursaut et s'éveillait soudain. Suzanne, toujours souriante, lui tendait alors la coupe et lui, subitement dégrisé, avalait, se levait et, titubant encore un peu, enfilait sa pelisse, s'excusait... Nous partions!

Le révulsif que lui avait versé Suzanne, c'était tout simplement de l'éther, cet éther qui ne la quittait jamais, elle, et qui lui avait fait dans la galanterie la belle réputation d'éthéromane, que devait six mois après justifier sa fin! Mais maintenant je ne la voyais que debout dans les plis roides de son domino noir, versant le poison à son amant, d'un geste que rendait tragique le hideux loup de satin vert dont elle venait de se masquer de l'autre main; cette nuit-là Suzanne avait eu la fantaisie de ce masque de satin vert pâle, assorti à la nuance de ses bas et des rubans de son domino.

L'autre vision était celle-ci, plus récente : Suzanne déjà morte depuis dix mois au moins ; nous nous étions, une bande d'amis noctambules, échoués cette nuit-là aux Halles, au grand Soulas, ou quelque autre restaurant de nuit.

Devant le comptoir, des blouses de maraîchers, un foulard mis en mentonnière sur les oreilles, buvant des grogs et des punchs avec des voix de rhume, rouillées et rauques ; par l'escalier en vrille, drapé de serge verte, des bouffées de valse jouées par un doigt d'homme ivre.

Dans la salle voisine, séparée du comptoir par un boxe, une scène amusante : un client furieux, assisté d'un sergent de ville et du patron de l'établissement, faisait retirer ses bas de soie à une fille.

La créature, rôdeuse de restaurant de nuit, était venue trouver cet homme dans le cabinet où il soupait ; pour s'en débarrasser, le client, un négociant de province, avait fouillé dans son gousset et donné vingt sous à cette mendiante de bocks ; or, en soldant son addition, mon provincial n'avait retrouvé son compte ; subitement dégrisé, il s'était aperçu qu'il lui manquait vingt francs. Ce n'était pas un franc qu'il avait donné à cette fille, mais un louis.

Furieux, il n'avait fait qu'un bond jusqu'aux salles d'en bas, où la fille traînait encore : une morte le long des banquettes. Et maintenant, comme elle niait, stupide, obstinément butée dans un entêtement de brute, injuriant le patron et riant au sergot, on la fouillait, on la déshabillait.

Et je revoyais ce grand corps de femme affalé sur la banquette avec ses jambes nues pendantes hors de la robe déteinte, son gainsbourong sur l'oreille, et son sourire heureux, hébété de pocharde : (visite faite, il n'y avait rien dans ses bas noirs) je revoyais le volé sinistre avec son regard fixe et ses cheveux dépeignés d'ivrogne, en mèches raides sur le front, son air désespéré et résolu, sa physionomie d'assassin ; je revoyais le haussement d'épaules du patron regagnant son comptoir et la démarche traînassée du sergot reprenant son quart au coin de la rue avec la même mimique de dos, lasse, insoucieuse.

Mais ce que je revoyais surtout dans un angle de ce bouge, c'était un habit noir, très élégant, en cravate blanche, la boutonnière encore fleurie d'un brin de bruyère du Cap, attablé devant un flacon de wisky, qu'il mélangeait avec de l'éther.

De l'éther pur, dont il buvait à large dose, une dose qui vous aurait brûlé et l'estomac et les entrailles, à vous comme à moi.... Cet éthéromane, noctambule épuisé de noces et de vadrouilles, ce névrosé qui ne se couchait plus qu'à huit heures au grand jour et ne se levait plus qu'à sept heures du soir, à la lampe, c'était lui, Jacques, mon ami d'enfance, le défunt d'aujourd'hui ! Il y a quatre ans, un des plus lancés de nos *jeunes fils à papa*, de soupeur devenu loupeur... Que voulez-vous, il cherchait à oublier ou oubliait...

Et je revoyais morne, muet, taciturne dans ce coin nocturne des Halles, la face vieillie et le teint verdâtre, cet homme de vingt-neuf ans qui en paraissait cinquante, pris par l'éther comme tant d'autres le sont par la morphine,

Jacques, l'amant de cette pauvre Suzanne, Jacques, mon ami Jacques, devenu en dix mois un de nos charmants intoxiqués de cette fin de siècle.

Et je me prenais à songer maintenant qu'elle ne mentait peut-être pas autant que j'aurais voulu le croire, la légende échafaudée autour de sa manie, et qui voulait que ce misérable essayât de tuer avec ce poison les souvenirs d'une maîtresse adorée, morte il y a des mois en pleine lune de miel, presque au début d'une liaison toute d'amour et de sensuelle ivresse.

Mais la vérité m'apparaissait, une vérité sinistre et terrifiante. Suzane était éthéromane, et elle et lui s'intoxiquaient ensemble; la femme, morte de son vice, l'avait légué à son amant au-delà de la tombe. L'homme avait survécu, mais, complices tous deux du crime, la morte réclamait ce vivant, et maintenant elle l'avait à elle, sûrement.

Je viens d'enterrer mon ami Jacques, un ami de mon enfance, et même de mon âge mûr, si tant est-il qu'on soit mûr à trente-quatre ans, et cela dans la petite ville de la côte où nous avions grandi tous deux, nous frôlant presque, dans la somnolence et l'engourdissant apaisement de la province, avec dans les yeux le rêve éternel de la mer geigneuse et de ses mouvants horizons.

GUIDE MORAL CONTY

(SOIRS DE PARIS)

GUIDE MORAL CONTY

Nous achevions de dîner, Moritz et moi, place Clichy, chez Wepler.

« Dieu me pardonne, c'est madame Arnheim, faisais-je en posant d'un geste étonné mon verre à bordeaux sur la table, regarde un peu, Moritz. »

Une femme, svelte et veloutée dans une longue pelisse de peluche, venait d'entrer dans la salle du restaurant : derrière elle un homme d'allures correctes, l'air d'un officier en bourgeois, la moustache noire très cirée soulignant la face énergique.

Le temps de lever les yeux et, baissant tout à coup la voix, Moritz, avec un jeu muet de physionomie : « Ne la reconnais pas, ne salue pas, tu la gênerais beaucoup et moi aussi.

— Comment ?
— Chut, tout à l'heure.

Aidée par le garçon et l'homme qui l'accompagnait, la femme venait de se débarasser de ses fourrures. Debout devant une glace, elle ôtait maintenant la voilette, tout humide de givre qui lui coupait en deux le visage, lissait du doigt autour des tempes ses bandeaux d'un brun roux un peu relevés sous le voile, puis, s'asseyant avec un joli sourire, elle défaisait lentement, très lentement des gants à dix boutons en fixant sur l'homme, enfin installé devant elle deux longs yeux très fendus au regard interrogateur.

Elle était grande, le corsage plein, la taille fine, comme moulée dans une robe très simple d'un bleu cendreux et très doux à son teint, un teint de brune un peu mûre, mais restée étonnamment jeune grâce à la souplesse de liane de tout son être et au modelé d'un adorable visage de grisette, sans empâtement, sans ride, et, chose étrange, sans l'artifice d'aucun fard.

— Oui, c'est bien elle, me chuchottait Moritz, je te conterai cela tout à l'heure.

Un petit drame se jouait maintenant à la table

des nouveaux venus; la femme s'était levée, un courant d'air la gênait, le gaz lui tombait droit sur la tête, bref, le garçon prenait manteaux, canne et parapluie et le couple s'engageait dans l'escalier à vis, qui conduit aux salons du premier.

— Elle nous a vus, pensait tout haut Moritz et avec un mouvement d'épaules. Enfin..., pauvre femme!

— Est-ce que par hasard, tu....? ne pouvais-je m'empêcher d'interroger.

— Moi!.... quelle bêtise! Non, mais j'ai été dans son atelier, elle a bien voulu me demander des conseils; il y a deux ans j'ai mis toute mon influence à la faire recevoir au Salon.... elle ne manque pas de talent, la mâtine.

— La mâtine?

— Oh, c'est une façon de parler.... elle n'est ni pire ni meilleure qu'une autre, elle suit le courant, voilà tout.

— Ce n'est donc pas son mari?

— Son mari.... mais d'où sors-tu, mon pauvre Jean? son mari. M. Arnheim râle en ce mo-

24.

ment dans une vague maison de santé, devenu à moitié fou après avoir mangé toute sa fortune et jusqu'à la dot de sa femme ; cette petite femme-là a jadis révolutionné toute l'aristocratie de Marseille, ça été une élégante, une lionne de grande ville de province : sa situation perdue, elle s'est mise courageusement à la besogne, elle avait un talent d'amateur ; aujourd'hui c'est presque un peintre. Quel âge donnes-tu donc à Mme Arnheim?

— Trente-deux à trente-cinq ans.

— Elle a quarante-trois ans, mon cher, et elle est mère de trois enfants, deux filles entrées à Saint-Denis, Dieu sait comment, et un fils au Borda, un fils de dix-huit ans qui se destine à la marine. Elle entretient de son travail toute la maisonnée, mari et enfants, trouve le moyen entre ses leçons et ses séances d'aller dans le monde, de se montrer à l'Opéra en première loge d'amis, et de dîner en cabinet particulier. D'ailleurs l'homme qui l'accompagne n'attend que la mort du mari pour l'épouser.

— Mais alors, c'est presque honnête.

— Presque honnête est le mot. Malheureusement avant lui il y en a eu d'autres ; celui-là, c'est l'homme aimé. Or, qui dit homme aimé dans la vie d'une femme indique assez....

— Ah.... alors?

— Mais, comment voudrais-tu donc qu'elle vive? Où prendrait-elle l'argent des charges qui lui incombent et de l'entretien de son luxe! Si sa peinture et ses leçons lui rapportent neuf à dix mille francs par an, c'est tout le bout du monde. Je puis en parler moi qui suis du bâtiment. Or, je lui sais déjà, avenue de Villiers, un loyer de cinq mille. Sais-tu, toi, ce que coûte une robe comme celle qu'elle porte ce soir, vingt-cinq louis, le manteau cinquante. Mais d'où sors-tu donc ? mon pauvre ami, ces deux ans de province t'ont vraiment bien changé et tu as bien besoin d'un cornac à travers la lutte parisienne. Une lionne pauvre, qui, pour conserver l'éclat de sa robe fauve, a besoin de dévorer un monsieur par hiver, voilà la jolie Mme Arnheim, pas plus coupable qu'une autre, même moins coupable qu'on ne le croit, en somme. Moi, je l'absous et des deux mains, mal élevée, mal ma-

riée, Marseillaise et un ensemble de circonstances...
presque honnête, tu as dit le mot.

Le garçon venait d'apporter l'addition.

« Ajourez deux cigares, faisait Moritz en allongeant un billet bleu hors de son portefeuille et quand il eut choisi dans les boîtes de londrès et qu'il m'eut offert le plus léger et le plus sec «Mme Arnheim concluait-il avec un geste d'insouciante résignation, aujourd'hui, c'est une Pelure, elle n'entre plus dans la combinaison. »

— Pelure, combinaison, tu parles argot, maintenant.

— Pauvre chéri... tu ne sais pas naturellement... enfin comme j'ai des bontés pour toi, je vais tenter de t'expliquer. Pelure, oui, Pelure, c'est un nom qu'a mis jadis en vogue une chronique de Bachaumont dans le sport. Le mot a cours à présent; dans Paris, où l'on se comprend à demi-mot, cela vous classe à jamais un homme ou une femme : Pelure, on sourit et le tour est joué.

— Ça ne me dit pas ce qu'on entend par pelure. Moi, je trouve que... »

— Ta ta ta, tu trouveras après, respect au professeur. Les pelures, mon cher, ce sont les gens dont on ne veut pas ailleurs. Jeunes filles avariées, veuves compromises, femmes séparées, mal mariées ou pas mariées en quête, les vieilles d'un amant, les jeunes d'un entreteneur ; mères cherchant à placer n'importe comment leurs filles, maris cherchant à placer leurs femmes et quelquefois fils cherchant à placer leurs mères... Ne te récrie pas, cela s'est vu. Une mère galante est un grand appoint pour un homme qui débute à Paris dans la littérature ; à défaut de la sympathie des confrères il en a la reconnaissance et le mépris ; les bontés de sa mère lui ont acquis une créance à longue, mais sûre échéance, car le caractère distinctif des pelures (sans quoi j'aurai l'air de faire mon petit Olivier de Najac en te racontant le demi-monde) c'est que les pelures appartiennent toujours de loin ou de près au monde des lettres et des arts. Les femmes y sont bas-bleus, écrivains, sculpteurs, peintres ; les hommes journalistes, pianistes, poètes : du talent quelquefois, du sens moral jamais, de la prétention toujours. A la porte du vrai monde, dont ils ont pu faire autrefois partie, soigneusement tenus à distance par les artistes qui les renient, ils forment une bande à part, un monde de parias élégant, besogneux, avide de paraître, affolé de réclame, enfiévré de plaisirs, de réceptions et de fêtes, envieux comme la misère, rancunier comme l'envie, méchant comme la rancune, dangereux comme pas un, quelquefois spirituel, très souvent amusant, au fond vide et triste comme l'ennui.

Ce monde-là a pourtant sa place à Paris, il y a ses alliances et ses influences, il y a ses salons, le salon des Refusés, pour ne citer que celui de Mme Armadzi, ses journaux attitrés qui rendent compte de ses fêtes. Le Beaumarchais dans ses échos lui fait une large part. Les noms des femmes et des hommes, que tu vois étalés la plupart du temps bien en vedette en première page dans les carnets mondains des journaux, la jolie Mme A..., le spirituel de B..., l'irrésistible Juan, toutes pelures que cela. Le gros public qui lit n'en sait rien, mais nous sommes dans Paris cinq ou six cents Parisiens qui n'avons plus la force d'en rire. La jolie Mme A... a cinquante-cinq ans, la taille comme un muid et était saisie la veille ; le spirituel de B..., l'irrésistible Juan, est un escroc qui a frisé Mazas ou un viveur gâteux par hasard en rupture de conseil de famille. Laides ou jolies, les femmes, elles, y font leur éternel métier ; elles chassent à l'homme ; c'est leur droit et même leur devoir, tant mieux si la proie est bonne.

Au lieu de s'embusquer sur le trottoir comme les filles, elles déambulent de salons en salons leur joliesse et leur sourire : tant pis pour l'imbécile qui s'y laisse prendre. A part celles qui écrivent, qui sont *nec varietur* des monstres de hideur et des bibelots d'ancienneté, elles sont généralement fines, séduisantes, jolies avec ce fumet de venaison cher aux palais blasés, qu'exhale toujours l'aventurière ; des perles se rencontrent parfois dans ce fumier. La belle Mme Soiron, dont le profil de poupée incassable fit les belles nuits de l'Elysée-Grévy et les beaux soirs des ministères, est bel et bien sortie de ce monde ; depuis son mariage elle eut d'ailleurs le bon goût de ne plus s'y montrer. Pelure, madame ***, malgré son grand talent ; pelure, X Y Z, le peintre hongrois où tu dansais jeudi ; pelure Mme Arnheim, rencontrée tout à l'heure ; pelure, les deux de Rause et la vieille Armadzi, où tu dîneras demain, la pelure des pelures.

Quant aux mâles de ces femelles, ce n'est plus la chasse à l'homme, mais la chasse aux louis qu'on fait chez ces messieurs. En dehors des curieux ou des friands d'alcôve égarés là sur la piste de quelque jolie créature, poètes ratés, journalistes de basse besogne, reporters louches, peintres gommeux, pianistes incompris, cabotins sans emplois, secrétaires de vieilles dames, décavés de l'empire, gentilshommes de contre-marque, profils de loups cerviers, moustaches fauves, cheveux en bandeaux plaqués, jolis garçons trop parfumés, policiers russes, écrivains slaves, comtes florentins et princes Valaques, voilà la menue monnaie de ce monde, où toutes les pièces sont fausses, les cartes biseautées, les consciences et la chair à vendre. Sans le sou, jouisseurs, élégants, paresseux, assoiffés de paraître, le matin ils vernissent au pinceau les escarpins du soir, dînent dans leur cinquième d'un petit pain et d'un bol de lait et dès les lustres allumés, frisés au petit fer, en culotte courte, le mollet cambré, le torse moulé dans l'habit quelquefois de couleur, ils poitrinent, paonnent et influencent la *phâme* plutôt riche que jeune et plus généreuse que jolie qui leur payera la différence. Palferines au petit pied, Luciens de Rubempré, en quête d'une Esther et même d'un Vautrin qui serait bien reçu, c'est la grotte sous-marine, le fond de bain des pelures. De temps à autre, on les épouse, et ils deviennent les maris de ces dames : c'est l'union légitime de deux prostitutions. Parfois un rastaquouère, un nabab d'Haïti, une charcutière milliardaire de Chicago ou un fourreur richissime de Moscou vient tomber au milieu de la bande, ou comme tu peux le penser, la pauvre âme est happée, accueillie et pillée, volée comme au coin d'un bois, puis la bonne dame ou le pauvre homme ahuri, ravi et mis à sec, sont réexpédiés en leurs lointains Pondichéry, intimement convaincus qu'ils ont mené la haute vie parisienne.

D'ailleurs les pelures ont cela pour elles qu'elles forment une association de secours mutuel véritablement touchante. Quand l'une d'entre elles se fait par trop vieille et se décide à remiser, à moins d'être trop pauvre et d'avoir tout à fait mal dirigé ses affaires, elle ouvre maison et reçoit les autres. Maternelles, quand elles ne couchent plus, elles donnent à coucher : leurs salons deviennent bosquets, mais bosquets de Bondy où l'on dévalise. Te voilà prévenu. D'ailleurs un coup d'œil maintenant te suffira.

Le garçon était revenu, rapportant la monnaie.

— Et moi, je ne te dois rien pour cette consultation, demandai-je à Moritz en lui passant son pardessus.

— Non, mon cher, aux amis je donne gratuit mon « guide Moral Conty. »

Et bien emmitouflés dans nos fourrures, le cigare aux lèvres, nous traversions la place Clichy, toute grouillante de foule à cette heure du soir.

FIN

TABLE DES MATIÈRES

SOIRS DE PROVINCE

Sonyeuse...	1
Dans un boudoir...	77
La Chambre close..	99
Romance d'automne..	113
Love's labour lost..	129

SOIRS DE PARIS

L'Inconnue..	141
L'Égrégore..	195
Le Ménage Nauretale.......................................	211
L'Amant des poitrinaires...................................	227
Conte d'une nuit d'hiver....................................	237
Dans l'espace...	249
Oraison funèbre...	261
Guide Moral Conty...	277

Paris. — Impr. F. Imbert, 7, rue des Canettes.

www.ingramcontent.com/pod-product-compliance
Lightning Source LLC
Chambersburg PA
CBHW070742170426
43200CB00007B/613